Positives Denken lernen

Nutze die Macht deiner Gedanken um glücklich, gesund und erfolgreich zu sein

Thomas Gamsjäger MSc

ISBN: 154678621X
ISBN-13: 978-1546786214

INHALTSVERZEICHNIS

Eine kleine Anleitung für dieses Buch und den Videokurs

Ich will dir erstmal dafür danken, dass du diesen Weg der positiven, kraftvollen und energiegeladenen Gedanken mit mir gehen willst. Ich weiß, dass du Geld und vor allem Zeit in mich investiert hast, oder noch investieren wirst. Du hast mir also dein Vertrauen geschenkt. Dafür möchte ich dir danken und dir versichern, dass ich mir bewusst bin, wie viel dein Vertrauen wert ist. Für mich ist Vertrauen einer der höchsten Werte. Es bildet quasi die Basis für jede (positive) zwischenmenschliche Interaktion. Ich habe daher alles daran gelegt, diesem Vertrauen gerecht zu werden.

Dies ist der Grund, warum ich mich dazu entschlossen habe, zusätzlich zum Buch noch einen Videokurs zu produzieren. Zu dem Moment, wo ich diese Zeilen schreibe ist der Videokurs zu 90% fertig produziert. Insgesamt sind bis jetzt knapp 80 Stunden Arbeit in den Zusatzkurs hinein geflossen. Bis alles fertig ist, wird wohl die 100 Stundenmarke noch erreicht. Doch ich denke, dass es das wert ist, denn gewisse Inhalte kann ich einfach per Video besser vermitteln. Es erlaubt es mir, persönlicher zu dir zu sprechen und Dinge grafisch darzustellen. Vor allem kann ich so manche Zusammenhänge besser verdeutlichen.

Alles was du dazu machen musst, ist dem Link zu folgen und dich auf der Plattform anzumelden. Diese Anmeldung ist nötig, da es sich um einen geschlossenen Mitgliederbereich handelt. Nur wenn du das Buch gekauft hast erhältst du Zugang zu diesem Kurs. Es geht also wirklich einfach: einfach dem Link folgen und dich eintragen.

Hier der Link:

http://liferocktv.teachable.com/p/positives-denken-bonuskurs/

Falls du die Printversion hast, dann einfach den Link in deinen Internetbrowser eintippen. Beachte bitte, dass „Liferock.tv" mit einem „F" geschrieben wird und nicht mit einem „V". Das hat bei meinem letzten Buch manchmal zu Missverständnissen geführt und so manche Käufer konnten den Link nicht aufrufen. Ich versuche zwar immer, alles so einfach wie möglich zu machen, doch wo Technik ist, gibt es auch technische Schwierigkeiten.

Falls du irgendwelche Fragen haben solltest, kannst du mir diese auch gerne per Mail an liferock.tv@gmail.com senden.

Eine Frage möchte ich zum Kurs noch beantworten: Ist der Kurs wirklich gratis oder kommen irgendwelche zusätzlichen Kosten auf mich zu?

Wenn du meinen Youtube-Kanal „liferock.tv" verfolgst, wirst du die Antwort bereits kennen. Falls nicht, möchte ich sie dir jetzt beantworten: Es fallen keine weiteren Kosten an und der Kurs ist 100% gratis. Mit dem Kauf dieses Buches hast du den Kurs zu 100% erworben. Einfach eintragen und los geht's. Ich werde dich anschließend nicht mit emails zuspammen oder ähnliches. Falls es mal ein Update im Kurs oder ähnliches gibt werde ich dir Bescheid geben, aber das war's auch schon.

Das war's von meiner Seite. Nun möchte ich kurz zu dir kommen. Da du nun dieses Buch gekauft hast, möchte ich, dass du damit Ergebnisse erzielst. Das bedeutet aber ganz eindeutig, dass du die vorgestellten Strategien auch umsetzen musst. Es gibt ein schönes Sprichwort: Es gibt nichts Gutes außer man tut es! Zwar wird sich dein Denken auch alleine durch das Lesen der Lektüre etwas ändern, aber wirklich große Ergebnisse erzielst du nur durch Handlungen. Wenn du also willst, dass du mit diesem Buch wirkliche Erfolge erzielst, dann musst du auch handeln. Das mag eine bittere Pille für Manche sein, doch es ist notwendig.

Positives Denken wird zu einem großen Teil darin begründet, dass man Herr seines Lebens und seiner Handlungen ist. Das bedeutet, dass die Menschen, die sich in Kontrolle fühlen, in der Regel auch positiver denken. Wenn wir also handeln und mit den vorgestellten Übungen Gefühle und Handlungen von Innen heraus erzeugen, gibt die unserem Gehirn ein eindeutiges Signal: „Wir können selber unsere Gefühls- und Gedankenlage verändern." Das gibt enormes Selbstbewusstsein und führt zu positivem Denken. Verlasse dich also nicht darauf, dass ein Buch oder andere Personen dich „positiv machen". Das kann in gewissen Situationen zwar funktionieren, aber es verletzt die oben genannte Regel. In diesem Fall trainierst du dein Gehirn nämlich darauf, äußeren Umständen die Kontrolle zu geben. Es mag zwar paradox klingen, dass man sein Gehirn darauf trainiert, reaktiv anstatt aktiv zu sein, wenn man gerade ein Buch liest in dem steht, dass man seine Gefühle selber steuern kann, doch genau so ist es. In unserer Gesellschaft werden wir durch den hohen Medienkonsum generell eher dazu verleitet reaktiv, anstatt aktiv zu sein. Für viele Industrien ist dies ein Vorteil, aber sicher nicht für dich selber. Dies ist auch das „Problem", das ich bei geführten Meditationen sehe. Ich finde geführte Meditationen zwar wirklich sehr wirkungsvoll und auch wertvoll, aber sie müssen immer mit Handlungen kombiniert werden. Bei einer geführten Meditation werden ja Gefühle von „Außen" vorgegeben. Es „führt" dich jemand anders. Wenn diese Seite die Überhand gewinnt, wird unser Gehirn darauf trainiert, die Kontrolle abzugeben. Daher ist es wichtig, hier ein Gleichgewicht zu halten und auch selber Handlungen durchzuführen. Genau das

Gleiche gilt bei Büchern auch. Das reine Lesen der Zeilen dieses Buches wird dir einige neue Erkenntnisse liefern und möglicherweise dein Denken entspannen und zum Positiven leiten. Das ist sehr gut und wichtig. Doch nachhaltige Ergebnisse wirst du nur bekommen, wenn du auch aktiv die Übungen machst und Dinge konkret umsetzt. Dies sendet ein eindeutiges Zeichen an deinen Denkapparat. Die Botschaft: „ich habe hier die Kontrolle und jetzt geht's richtig ab!!!" wird mit aktiven Handlungen mehr in dein Gehirn gebrannt, als es jede Stimulation von Außen jemals könnte.

Ich wünsche dir nun viel Spaß mit dieser Lektüre und hoffe, dass sie dazu beiträgt, dass du dein Leben zu einem Meisterwerk machen kannst.

Alles Liebe und Gute dieser Welt wünscht dir

Dein Tom

Was ist positives Denken wirklich

Ich möchte eines gleich klarstellen: positives Denken bedeutet für mich nicht, sich die Welt schönzureden. Das Positive in schlechten Situation zu suchen ist zwar oftmals sehr wichtig und ist sicherlich auch ein Teil des gesamten Ganzen, was positives Denken ausmacht. Doch es ist längst nicht alles!

Positives Denken bedeutet auch, sein Denken so weit zu stärken, dass wir auch positive Handlungen ausführen und dadurch unser Leben sowohl im Inneren als auch im Außen zum Besseren zu führen.

Wir gehen also nicht mit der rosaroten Brille durch die Welt und sehen nur noch das Gute und verschließen unsere Augen vor Umständen, die nicht unseren Wünschen entsprechen.

„Change it, leave it or love it!" Diese Redeweise bringt es meiner Meinung nach auf den Punkt. Wenn manche Umstände in deinem Leben noch nicht so sind, wie sie sein könnten und du die Möglichkeite hast, etwas zu ändern, dann machst du das auch. Wenn wir keine Möglichkeit haben, gewisse Situationen zu verändern, dann macht es auch keinen Sinn, sich darüber länger zu ärgern als nötig. Manche Dinge müssen wir anerkennen und eine konstruktive Weltsicht kultivieren. Dazu kommt später noch mehr.

Positives Denken ist meiner Meinung nach ein Werkzeug. Ein Werkzeug, das dir enorme Gelassenheit, Kraft, Motivation und Freude gibt. So, dass du dein Leben zu einem für dich wirklich lebenswerten Leben machen kannst.

Wie du sicherlich schon aus meinen Zeilen erkennen konntest, ist mit positivem Denken auch Handeln verbunden, um die volle Wirkung auzuschöpfen. Wie bei so vielen Dingen im Universum ist auch die Welt des Denkens und die Welt des Handelns stark miteinander verknüpft. Dabei ist allseits bekannt, dass unser Denken unser Handeln beeinflusst. Doch diese Richtung ist nicht die einzige. Auch unser Handeln beeinflusst unser Denken. Es handelt sich hierbei um einen geschlossenen Kreis. Somit kann man eines gleich vorweg nehmen: positives Handeln ist eine extem kraftvolle Strategie für dauerhaftes und kraftvolles positives Denken. Doch es ist nicht die einzige.

Der Punkt, der mir hier wichtig ist, ist zu erwähnen, dass sich positives Denken nicht auf das „Schönreden" und eigentlich nicht einmal auf das Denken alleine beschränkt. Wir sollten unser Sein immer ganzheitlich betrachten, um die besten Ergebnisse zu erzielen.

Die absolute Basis für positives Denken

Da es sich beim positiven Denken um eine Denkgewohnheit handelt, die von Gelassenheit, aber auch Freude, Energie, und Elan geprägt ist, ist eine Voraussetzung unabdingbar, um diesen Level an Denken zu erreichen. Es ist eine Voraussetzung, ohne die viele Strategien einfach nicht ihr volles Potential erfüllen können. Ich würde sogar soweit gehen, dass positives Denken (oder zumindest Teile davon) nur sehr schlecht möglich ist, wenn diese Voraussetzung fehlt. Ich spreche hier von Energie.

Energie ist nicht nur für körperliche Ziele ein gewaltiger Faktor, sondern auch für mentale. Falls du dich fragst, was ich mit Energie genau meine, dann möchte ich das etwas genauer ausführen. Ich spreche hier wirklich von körperlicher Energie. Energie, die dich morgens aus dem Bett holt und dir sagt, dass du etwas mit deinem Leben, deinem Körper und deinem Kopf machen solltest. Ich spreche hier von Energie, die das Gegenteil von körperlicher Müdigkeit bedeutet.

Stell dir folgende Situation vor: Du hast in 2 Tagen einen sehr wichtigen Abgabetermin. Du musst also eine sehr wichtige Arbeit fertigstellen und du hast hier noch einiges an Arbeit vor dir.

Allerdings hast du ein Problem: du bist in den letzten 4 Nächten nur zu ganz wenig Schlaf gekommen. Aus welchem Grund auch immer, hast du pro Nacht nur ca. 4 Stunden geschlafen (in meiner Situation waren es übrigens meine 2 Kinder, die mir regelmäßig den Schlaf geraubt haben, aber das ist eine andere Geschichte...)

Du fühlst dich also müde, schlapp und kaputt. Wie stehst du nun zu dem Berg an Arbeit, der sich noch vor dir türmt? Gehst du an die Sache und denkst dir „So, jetzt geht's los. Das Ding rocke ich jetzt so richtig!" oder wird es eher schwerer für dich sein, dich zu motivieren? Ich denke, es ist eher zweiteres. Es wird viel schwerer sein, dieser Aufgabe positiv gegenüberzustehen.

Vielleicht ist dieses Beispiel gerade etwas übertrieben, aber es verdeutlicht ein Konzept, das immer und bei jeder Situation im Leben wirkt: Mit mehr Energie ist jede Aufgabe leichter zu bewältigen (außer vielleicht Schlafen).

Alles, was du machst, geht mit mehr Energie leichter und macht mehr Spaß. Sogar entspannen! Egal, ob es sich um große oder kleine Aufgaben handelt, Energie ist maßgebend für deine Sicht der Dinge. Große Berge erscheinen mit mehr Energie kleiner und Dinge relativieren sich von alleine.

Ich spreche aber nicht nur von so groben Energieproblemen wie massiven Schlafmangel. Auch kleine Nuancen machen auf Dauer einen großen Unterschied. So rauben starke Blutzuckerschwankungen, wie auch Dehydrierung unseren Körper Energie. Minimale Unterschiede deiner körperlichen Energie können über längere Dauer gravierende Unterschiede in deinem Denken bewirken.

Daher ist es essentiell, positives Denken auf ganzheitliche Weise anzugehen, und auf seinen Körper ebenso wie auch auf seine Gedanken zu achten. Ich möchte in diesem Buch keine Wissenschaft daraus machen. Trotzdem ist es mir wichtig zu erwähnen, dass es sich hierbei oft um einen fehlenden Schlüssel für viele Menschen handelt. Achte also auf deinen Körper. Ernähre dich gesund, trinke ausreichend Wasser und schlafe ausreichend.

Wenn du die körperlichen Voraussetzungen schaffst, fällt es deinem Körper auch leichter, Glücksbotenstoffe auszuschütten und so wird dein Denken automatisch positiver. Ein glücklicher Körper macht auch den Geist glücklicher. Wir dürfen bei dem ganzen Konstrukt des positiven Denkens also die Biochemie im Körper nicht vergessen. Das Motto lautet also:

Ein glücklicher Körper macht auch den Geist glücklicher. Und umgekehrt!

Und zu der umgekehrten Wirkung kommen wir jetzt.

Das beeindruckende Potential des positiven Denkens

Hast du dich jemals gefragt, was zufriedene, erfolgreiche und offenbar sorgenfreie Menschen von unzufriedenen, unglücklichen und sich plagenden Menschen unterscheidet? Die Antwort auf diese Frage ist recht offensichtlich, aber sie scheint sich uns dennoch zu entziehen. Nun, die Antwort lautet „positives Denken". Positives Denken hat das Potenzial, dein Leben grundlegend zu verändern; du musst nur die Vorzüge dieser Methode erkennen und sie im Alltag anwenden lernen. Wenn Du dich kontinuierlich auf deine Lebensziele konzentrierst, so wirst du entsprechend in die Lage versetzt, das Leben deiner Träume zu erschaffen. Positive, konstruktive und optimistische Gedanken führen in unserem Gehirn zu einer Ausschüttung von Endorphinen und verschaffen und somit ein Gefühl großen Wohlbefindens. Im Endeffekt fühlen wir uns energiegeladen und optimistisch.

Du hast wahrscheinlich schon oft davon gehört, dass man das „Glas als halb voll" betrachten sollte. Das Glas ist allerdings auch nachfüllbar – und du selbst hast die Macht, das Glas aufzufüllen! Du bestimmst dein Schicksal durch die Macht deiner Gedanken und durch die Nutzung deines Unterbewusstseins. Erfolgreiche und zufriedene Menschen wissen die Macht ihrer Gedanken zu nutzen, um schließlich ihre gewünschte Realität zu erschaffen. Diese Menschen verlassen sich nicht allzu sehr auf Faktoren wie Glück, äußere Umstände oder ihre Mitmenschen. Ihnen ist klar, dass sie das Leben Ihrer Träume durch Nutzung der Kraft Ihrer Gedanken erschaffen können.

All jene, die dem positiven Denken eine aufrichtige Chance geben, werden auf vielfältige Art und Weise belohnt. Anfangs mag es nicht einfach sein, das positive Denken in die Praxis umzusetzen – insbesondere wenn man im Leben schon manche Hürden meistern musste. Es ist allerdings festzustellen, dass diese Art des Denkens bei regelmäßiger Praxis schon bald zur Gewohnheit des Ausübenden wird. Du wirst feststellen, dass du mehr Positivität, Zufriedenheit, Erfolg und liebenswürdige Menschen in dein Leben ziehst. Ganz automatisch!

Die Praxis des positiven Denkens hilft dir bei der Stressbewältigung und kann dich mit einer strahlenden Gesundheit belohnen. Wenn es dir im Inneren gut geht, wird man dies unweigerlich an deinem Erscheinungsbild erkennen. Positives Denken ermöglicht es dir, ein gesünderes und längeres Leben zu führen. Außerdem wirst du bei deinen Mitmenschen beliebter, wenn du ein ermutigendes, konstruktives und optimistisches Erscheinungsbild abgibst. Weiterhin verleiht dir positives Denken eine selbstbewusste Aura und hilft dir dabei, bessere Entscheidungen zu treffen. Die Möglichkeiten, die positives Denken auf dein Leben haben kann, sind also schier unbegrenzt. Ich denke, dass du dir darüber im Groben schon bewusst warst, ansonsten hättest du dir dieses Buch nicht geholt. Deshalb will ich mit einem Beispiel etwas konkreter werden.

Angenommen dein Arbeitgeber kündigt dir. Das ist natürlich eine recht unangenehme Situation. Allerdings kannst du durch die Kontrolle deiner Gedanken diese unangenehme Situation auf positive Weise verändern. Die meisten Menschen würden eine Kündigung als Sackgasse oder Endstation wahrnehmen. Du könntest diese Situation jedoch als Sprungbrett für eine Zukunft betrachten, die weit größere Möglichkeiten und Chancen für dich bereithält.

Du könntest beispielsweise deine freie Zeit nutzen, um vermehrt deinen Hobbies nachzugehen oder deine Fähigkeiten weiter auszubauen. Oder du nimmst generell eine Auszeit und machst eine Weltreise, um möglicherweise neue Ideen zu erhalten. Vielleicht entdeckst du deine Berufung und machst genau das, was du schon immer tun wolltest, also zum Beispiel ein Buch schreiben oder fotografieren. In der Zeit könntest du netzwerken, interessante Menschen kennenlernen und ein eigenes Business gründen. Genau darum geht es beim positiven Denken und dem Kultivieren einer positiven Einstellung. Statt im Selbstmitleid zu versinken, schreitest du voran und übernimmst die Kontrolle über deine Situation. Es stimmt – wenn das Leben dir Zitronen gibt, mach' Limonade daraus!

Dies ist zwar zugegebenermaßen nicht immer ganz einfach, doch ist es langfristig die beste und einzig sinnvolle Option.

Beim positiven Denken geht es maßgeblich darum, deinen Gedanken eine andere Richtung zu geben. Ziel ist es, einen ausgeglicheneren und zufriedeneren Geisteszustand zu erlangen. Du kontrollierst die Frequenz deiner Gedanken, um dir einen positiveren, zufriedeneren Gefühlszustand zu verschaffen und um dir eine proaktive Haltung anzueignen. Wenn du es lernst, deine negativen Gefühle in Schach zu halten, dann wirst du deine Gedanken und Gefühle besser kontrollieren können. Im Gegensatz zur landläufigen, falschen Meinung über positives Denken geht es nicht darum, negative Aspekte des Lebens zu ignorieren oder zu negieren. Nein, es geht darum, Herausforderungen zu meistern, indem man einen konstruktiven und lösungsorientierten Geisteszustand pflegt. Du wirst lernen, Dinge zu akzeptieren, die nicht nach deinen Vorstellungen gelaufen sind und dich entsprechend weiterentwickeln.

Positives Denken ist kein unerklärliches Phänomen. Es ist vielmehr eine äußerst praktische und umsetzbare Methode, um nahezu alle im Leben auftauchenden Probleme zu lösen. Allerdings funktioniert diese Methode nicht von selbst, man muss schon etwas dafür tun. Positives Denken kann wie ein Auslöser in deinem Inneren betrachtet werden, das eine Handlung hervorbringen und positive Energie entfesseln sollte. Möglicherweise stehst du vor einer schwierigen Prüfung. Es ist wichtig, positiv über die bevorstehende Prüfung nachzudenken, um schließlich erfolgreich abzuschneiden. Um allerdings das erwünschte Ergebnis zu erzielen, musst du natürlich viele Stunden der Vorbereitung investieren. Nur davon zu träumen, in einer Prüfung zu brillieren, ohne sich entsprechend vorzubereiten, genügt natürlich nicht. Positives Denken muss mit entsprechender Eigeninitiative und einem entschlossenen Vorgehen im Einklang sein. Der Vorteil des positiven Denkens in dieser konkreten Situation ist einfach, dass durch positive Gedanken Energie freigesetzt wird. So fällt erstens das Lernen leichter und man ist motivierter, und zweitens wird die Nervosität geringer sein. Somit kann man auch während der Prüfung auf das Gelernte besser zurück greifen. Du siehst: die Wirkung des positiven Denkens ist vielschichtig und oft nicht auf den ersten Blick sichtbar. Doch sie ist da und wirkt auf die eine oder andere Weise immer.

Machen wir uns nichts vor: Die Welt dreht sich, platt gesagt, um die Macher, nicht um die Träumer. Wenn du allerdings gleichzeitig ein Träumer und ein Macher bist, so bist du definitiv auf dem richtigen Weg. Nur weil du die ganze Zeit von einem Ziel träumst, wird allerdings leider keine gute Fee erscheinen, die dir dabei hilft, deine Träume zu verwirklichen. Wenn du zwar positives Denken praktizierst, aber nicht entsprechende Taten folgen lässt, so wirst du enttäuscht werden. Du begegnest der guten Fee, wenn du anfängst zu handeln. Du selbst hast es in der Hand – kontrolliere deine Gedanken und dein Verhalten.

Es war einmal eine Frau, die jeden Morgen früh aufstand und sich im Spiegel ansah. Eines Tages stellte sie fest, dass sie nur noch drei Haare auf dem Kopf hatte. Sie sagte sich: „Ich werde mir heute die Haare flechten." Sie tat dies und genoss daraufhin den restlichen Tag. Am Morgen des Folgetages musste sie leider feststellen, dass sie nur noch zwei Haare auf dem Kopf hatte. Daraufhin entschloss sie sich, ihr Haar zu scheiteln und genoss daraufhin abermals den restlichen Tag. Am Morgen eines weiteren Tages fand besagte Frau leider nur noch ein Haar auf ihrem Kopf. „Heute flechte ich mir einen schönen Zopf" sagte sie sich und ging danach ihren Vergnügungen nach. Schließlich kam jedoch der Tag, an dem sie ohne jedes Haar auf dem Kopf aufwachte. Frohgemut stellte die

Frau fest, dass sie sich nun endlich nicht mehr um ihre Frisur kümmern musste. Die Moral von der Geschicht' ist, dass deine Art zu Denken darüber entscheidet, ob du mit deinem Leben zufrieden bist oder nicht.

Für die Praxis des positiven Denkens sprechen allerdings noch viele weitere Gründe. Im folgenden Text wird erläutert, wie das Kultivieren von Positivität dein Leben verwandeln kann.

Positives Denken schafft positive Umstände

Hast du jemals vom Gesetz der Anziehung gehört? Darüber wirst du später jedenfalls mehr erfahren. Kurz gesagt handelt es sich bei dem Gesetz der Anziehung um ein Konzept aus der Quantenphysik. Letztere besagt, dass das gesamte Universum nur aus Energie und Masse besteht. Diese Energie entgegnet uns in der jeweils gleichen Frequenz wie die unserer ausgesandten Gedanken, Worte und Taten. Wenn du stets an die Fülle denkst, dann wirst du auch stets die Fülle aus dem Universum herananziehen. Gleichermaßen wirst du immer mehr Mangel erschaffen, wenn du über den Mangel nachdenkst und jammerst. Eine der großen Stärken des positiven Denkens ist, dass es dir positive Ergebnisse bringt. Es ist an dieser Stelle übrigens egal, ob du an das Gesetz der Anziehung glaubst oder nicht. Denn selbst wenn es keine solche mystische Kraft geben sollte, wirst du durch positives Denken positive Umstände schaffen. Das passiert dadurch, dass dein Gehirn die richtigen „Filter" setzt. Auf uns prasseln jeden Tag Millionen von Informationen nieder. Unser Gehirn filtert davon den größten Teil wieder aus, weil es Ressourcen sparen will. Nur Informationen, die „wichtig" sind, werden durchgelassen. „Wichtig" ist dem Gehirn allerdings einfach nur, woran vorher regelmäßig gedacht wurde. Vielleicht kennst du das: du möchtest dir ein neues Auto kaufen und plötzlich siehst du genau dieses Auto, oder Autos deiner Lieblingsmarke überall. Sind plötzlich mehr Autos dieser Marke unterwegs? Wahrscheinlich fallen sie dir einfach jetzt öfter auf. Ob also Anziehung oder nur ein besserer Blick für Positives – die Wirkung kommt mit großer Wahrscheinlichkeit.

Stell' dir nur vor, welch' wundervolle Dinge dir widerfahren werden, wenn du positives Denken praktizierst!

Gesteigerte Gesundheit und ein starkes Immunsystem

Es liegen mittlerweile Unmengen von Forschungsarbeiten zum Thema „positives Denken" vor. Es wurde unzählige Male gezeigt, dass diese Art zu Denken eine sehr vorteilhafte Wirkung auf die menschliche Gesundheit haben kann. So konnten Wissenschaftler festzustellen, dass jene Menschen, die in den wichtigsten Lebensbereichen optimistisch in die Zukunft blicken, auch eine deutlich stärkere Immunreaktion zeigen.

Mehr Durchhaltevermögen

Wir brauchen oft ein gewisses Durchhaltevermögen, um die Herausforderungen des Lebens zu meistern und auch um unsere Ziele zu erreichen. Je mehr Durchhaltevermögen du hast, desto leichter wirst du Krisen durchstehen können. Hinsichtlich der Stärkung deines Durchhaltevermögens spielt das positive Denken eine bedeutende Rolle. Positiv denkende Menschen suchen nach Lösungen, statt zu verzweifeln. Sie meistern Herausforderungen, indem sie auf konstruktive Art und Weise vorgehen. Aus diesem Grunde werden positiv denkende Menschen auftretende Widrigkeiten eher durchstehen.

Forschungsergebnisse haben gezeigt, dass dir positives Denken in Krisenzeiten einen gewissen Schutzschild verleihen kann. Wenn man sich im Falle einer Tragödie oder Krise um positive Gedanken bemüht, wird man durch die lösungsorientierte Mentalität den ausgelösten Stress eher beherrschen und sich von eventuellen seelischen bzw. körperlichen Schäden schneller erholen können.

Schönheit kommt von Innen

Positives Denken bewirkt, dass du natürlich schön wirkst. Wenn du positiv gestimmt bist und dich des Lebens freust, so wird auch dein Äußeres auf unerklärliche, jedoch unübersehbare Weise erstrahlen. Du trittst freundlicher und optimistischer auf und wirkst so attraktiver. Diese positive Außenwirkung zieht Menschen wie ein Magnet an dich heran.

Glückliche Beziehungen

Wenn dir das positive Denken erst zu einer Gewohnheit wird, wirst Du schlagartige Änderungen in deinem Leben feststellen können. Du wirst die unangenehmen Seiten deiner Mitmenschen ignorieren und stattdessen auf ihre Vorzüge achten. So wirst du bedeutsamere, erfüllendere und glücklichere zwischenmenschliche Beziehungen haben können. Wann hast du dich das letzte Mal bei einem geliebten Menschen für alles bedankt, was er stets für dich tut? Tadeln wir nicht schnell eine Person, wenn sie nicht das tut, was wir gerne hätten? Anstatt dich auf die Schwächen anderer Menschen zu konzentrieren, wird dir positives Denken dazu verhelfen, auf die guten Seiten deiner Mitmenschen zu achten.

Wir werden stets unterbewusst durch die Worte, Gefühle und Handlungen unserer Mitmenschen beeinflusst. Denke darüber nach. Wie fühlst du dich, wenn du permanent von Jammerlappen umgeben bist? Warum sollten sich deine Mitmenschen anders fühlen? Ziehen wir es nicht alle vor, negative Menschen zu meiden?

Jene, die dem positiven Denken einen hohen Stellenwert im Leben einräumen, hinterlassen stets einen guten ersten Eindruck. Die Menschen fühlen sich generell zu freundlichen, fröhlichen und ermutigenden Persönlichkeiten hingezogen. Daher hat positives Denken einen deutlichen Einfluss auf unsere zwischenmenschlichen Beziehungen.

Der Gesamtzusammenhang

Positiv gestimmte Menschen können den Gesamtzusammenhang einer bestimmten Situation besser erkennen. Dadurch sind sie eher in der Lage, eine lösungsorientiere Mentalität zu kultivieren statt lediglich das vorliegende Problem zu betrachten. Positives Denken vermag zwar nicht jedes Problem zu lösen. Allerdings werden durch die Herangehensweise und Haltung positiv denkender Menschen Probleme eher als Chancen denn als Herausforderungen betrachtet. Im Allgemeinen kann dich die Fähigkeit, das Gute in den Dingen zu erkennen, im Leben weit bringen. Vor allem setzt es enorme Energie frei, um dann auch Chancen am Schopf zu packen.

Verbesserte seelische Gesundheit

Positiv denkende Menschen sind in der Regel weniger stressanfällig. Daher leiden diese Menschen meist weniger unter

Depressionen, Angstzuständen, Panikattacken und anderen psychischen Extremzuständen. Durch positives Denken werden bestimmte förderliche Hormone ausgeschüttet, die das Auftreten von psychischen Störungen oftmals verhindern können.

Im folgenden Beispiel wird erläutert, wie positives Denken funktioniert.

Joe bewarb sich um seinen Traumjob, obwohl er nie wirklich an seine Einstellung glaubte. Er hatte ein mangelndes Selbstbewusstsein und war davon überzeugt, völlig ungeeignet für diese Stelle zu sein. Joe hatte eine sehr negative Meinung über sich und war sich sicher, dass die anderen Bewerber geeigneter und fachlich deutlich besser seien. Er hatte nur zerstörerische Gedanken und musste gegen seine Ängste bezüglich des Vorstellungsgesprächs ankämpfen. Leider hat er durch genau dieses Verhalten sein Versagen herbeigeführt.

Joe wachte am Tag des Bewerbungsgesprächs recht spät auf und musste feststellten, dass sein Hemd schmutzig und verknittert war. Das Frühstück musste er aus zeitlichen Gründen ausfallen lassen. Joe war nervös, hungrig und abgelenkt. Er konnte sich nicht auf das kommende Bewerbungsgespräch konzentrieren und fühlte sich alles andere als zuversichtlich – schon gar nicht in seinem zerknitterten Hemd. Beim Gespräch machte er schließlich gar keinen guten Eindruck. Joes Angst führte dann auch zu dem befürchteten Ergebnis. Entsprechend seines Glaubenssatzes, erhielt er eine Absage.

John hingegen hatte die gleiche Qualifikation wie Joe. Seine Herangehensweise war jedoch eine andere. Er war davon überzeugt, seinen Traumjob zu bekommen. Am Abend vor dem Vorstellungsgespräch legte er sich seinen Anzug zurecht. John ging früher als üblich ins Bett und wachte entsprechend früher am Folgetag auf. Er nahm ein gesundes Frühstück zu sich und traf früher als veranschlagt bei seinem potenziellen neuen Arbeitgeber ein. John machte einen sympathischen und selbstbewussten Eindruck. Natürlich wurde er eingestellt. Was jedoch war sein Erfolgsgeheimnis? Er nutzte positives Denken und ließ den Rest einfach geschehen. In seinem Denken hatte er den Job ja bereits. Dadurch kommunizierte er ganz anders. Er brachte sich im Gespräch schon mehr ein und erläuterte, was er alles machen werde. Er „lebte" bereits seinen neuen Job. Dies wirkte, wenn auch unterschwellig, sehr starkt auf seinen neuen Arbeitgeber. Er „spürte", dass John der Richtige für diese Positition ist. Vor seinem geistigen Auge wird John die zukünftigen Aufgaben mit Leichtigkeit lösen können.

Eine positive Einstellung wirkt wie eine Art Auslöser und schafft ein Mehr an Energie, Erfolg und Zufriedenheit in unserem Leben. Schon eine kleine Änderung deines üblichen Denkmusters ändert deine Stimme und Körpersprache. Du wirst aufrechter durchs Leben gehen. Deine Stimme wird einen gewissen Eindruck auf deine Mitmenschen machen und deine Körpersprache bildet dein mittlerweile vorhandenes Selbstbewusstsein ab.

Jetzt wo dir klarer geworden ist, worum es beim positiven Denken geht, werden dir einige wichtige Grundsätze des positiven Denkens vorgestellt, mit denen du dein Leben wirklich transformieren kannst.

Effektive Strategien gegen negative Monologe

In einem gewissen Rahmen kann Selbstkritik nützlich sein. Sie wird allerdings ab einem gewissen Punkt kontraproduktiv. Es gibt einen großen Unterschied zwischen „ich sollte mehr Sport machen" und „ich bin ein fauler Hund". Selbsthass kann auf dich zurückfallen, da du dich damit auf deine Unzulänglichkeiten statt auf deine Vorzüge fokussierst. Wenn du über längere Zeit auf negative Weise mit dir kommunizierst, dann wird dein Stressniveau deutlich ansteigen und möglicherweise wirst du depressiv. Zu lernen, wie man negative Monologe unterdrückt, ist der Schlüssel, um Herausforderungen zu meistern, selbstbewusster zu werden und Träume zu verwirklichen. Vergiss nicht, dass das Einzige, was uns Grenzen setzt, der Glaube an die Existenz dieser Grenzen ist. Im Folgenden werde ich dir bewährte Techniken präsentieren, die dir dabei helfen, das Monster der negativen Monologe zu besiegen.

Bevor ich das mache, möchte ich allerdings noch die Motivation etwas steigern das zu machen. Es ist wichtig zu verstehen, dass innere Monologe zu einem großen Teil für Stress und negative Stimmungen verantwortlich sind. Unser innerer Kritiker ist sozusagen daueraktiv und versäumt es nicht, uns unsere Unzulänglichkeiten vor Augen zu halten. Dies ist ganz normal. Wir sehen selten, was wir schon sehr gut machen und kritisieren uns dafür, was wir noch nicht so gut können oder gemacht haben. Lobst du dich noch dafür, dass du Autofahren kannst? Oder Lesen? Oder Schreiben? Oder Kochen? Eben!

Unser innerer Kritiker hat vollkommen den Blick auf die Realität verloren, sieht alles negativ und schreit dabei noch sehr laut. In vieler Hinsicht ist unser innerer Kritiker einfach ein Idiot. Das Blöde ist nur, dass wir alle diesen inneren Idioten haben und er bei den meisten sehr aktiv ist. Ziel ist es also, diese Inneren Monologe zu minimieren und die Stimme des inneren Idioten etwas leiser zu drehen. So, dass wir nur noch auf ihn hören, wenn er nett und konstruktiv mit uns redet. Wenn er sagt: „Hey schau mal, hier könnten wir vielleicht etwas ändern, dann ginge es uns besser", hören wir auf ihn. Wenn er jedoch wieder sein betrunkenes, ständig nörgeldes und lautes Ich auspackt, wird er einfach auf leise geschaltet.

Das Gemeine am inneren Idioten ist jedoch, dass auch er mit der Zeit etwas dazu gelernt hat. Irgendwann, bei einem Trinkfest, hat er mit einem Hobbypsychologen gesprochen. Dieser hat ihm dann erklärt, wie er noch erfolgreicher in seinem Vorgehen sein kann. Er hat ihm nämlich gesagt, dass er gemeine Fragen stellen soll. Dann seien seine Angriffe subtiler und schwerer zu erkennen, meinte der

Psychologe.

Wir müssen an dieser Stelle verstehen, dass unter „Monologe", sehr oft Selbstgespräche in der Form von „Frage und Antwort" gemeint ist. Wir stellen uns selber eine Frage und geben uns gleichzeitig eine Antwort. Ziemlich komisch wenn man sich das einmal vor Augen führt, doch genau so funktioniert sehr oft unser Gehirn.

„Was ziehe ich heute an?" „Ich ziehe das und das an".

„Was esse ich heute?" „Ich esse XYZ".

Unser innerer Idiot nimmt dieses Vorgehen von unserem Gehirn als Chance, völlig destruktive Fragen zu stellen. Er ist dabei so laut, dass wir die Frage einfach beantworten müssen. Er fragt zum Beispiel:

„Warum schaffe ich es immer wieder nicht abzunehmen?"

Unser Gehirn muss auf diese Frage eine Antwort liefern, weil der Idiot so laut und so oft fragt. Die Frage ist allerdings so gefinkelt gestellt, dass wir selber mit der Kritik aufkommen müssen, denn die Frage impliziert ja, dass wir etwas nicht schaffen. Das muss also einen Grund haben, der meistens auch mit einer Unzulänglichkeit begründet wird.

„Warum schaffe ich es nicht?"

Antwort: „Weil ich keine Disziplin habe" „Weil ich faul bin" etc.

Fragen führen uns, das weiß auch der innere Kritiker. Ziel muss es also sein, den inneren Kritiker erstmal etwas leiser zu machen und dann konstruktive Fragen zu stellen.

Dabei ist der erste Schritt zu erkennen, dass „dein Monolog" nicht „du selbst" bist. Auch deine Gedanken „sind nicht du". Gedanken sind wie eine Art Werkzeug von dir, aber deine Gedanken gehören dir. Du kontrollierst sie, wenn vielleicht auch noch nicht so bewusst, wie dir gerne lieb ist. Trotzdem sind DEINE GEDANKEN in DEINEM HOHEITSGEBIET. DU bist der HERR und MEISTER. Auch dein innerer Idiot gehört dir. Aber er ist nicht du. Er ist vielleicht ein Teil von dir, aber er ist ein Teil, den du lauter und leiser drehen kannst.

Wie wir dem inneren Idioten etwas den Wind aus den Segeln nehmen, um anschließend die Qualität unserer Gedanken und Fragen steigern können erläutere ich jetzt.

Schließe deine negativen Monologe in eine Kiste ein

Wenn du dich wieder einmal über deine Fehler ärgerst, versuche dir vorzustellen, dass du sie in eine kleine Kiste einschließt.

Angenommen du bist auf einem Meeting oder du hältst einen Vortrag und schneidest deiner Meinung nach schlecht ab. Anstatt zu glauben, dass das nun das Ende deiner Karriere bedeutet, solltest du versuchen rational zu bleiben und deine Wortwahl ändern. Beispielsweise könntest du dir sagen, dass du eine bessere Wortwahl hättest wählen sollen. Das klingt doch deutlich glaubwürdiger als die Aussage, dass du deine Karriere versaut hast. Versuche dir eine kleine Kiste vorzustellen und schließe dort deine negativen Worte ein. Unterbewusst wirst du nun dein Problem verkleinern und dich schließlich deutlich selbstsicherer fühlen. Diese Methode stellt oft die maßlosen Übertreibungen des inneren Kritikers wieder ins rechte Licht und gibt den negativen Übertreibungen wieder die richtige Perspektive. Doch auch bei positiven Übertreibungen ist am Anfang Vorsicht geboten.

Übe dich im positiven Denken

Wenn du permanent allzu überschwänglich denkst, könnte es sein, dass du deinen inneren Lügendetektor aktivierst. Dieser wird dir mitteilen, dass du in einer Traumwelt lebst. Zwinge dich daher nicht, auf zu unrealistische Weise positiv zu denken. Stattdessen solltest du am Anfang eher eine neutrale Herangehensweise wählen, wenn du dich von negativen Gedanken übermannt fühlst. Denke auf neutralere Weise. Wenn du dich übergewichtig und schwach fühlst, dann solltest du dir beispielsweise sagen, dass es schön wäre, ein paar Kilo abzunehmen, um fitter, gesünder und energiegeladener zu erscheinen, anstatt dir einzureden, dass du eine dicke Robbe oder fette Kuh bist. Andererseits solltest du dir auch nicht sagen, dass du ungeachtet deines Aussehens eine Göttin der Ästhetik bist! Auch wenn die Bewertung des Erscheinungsbildes immer eine subjektive Sache ist und ich nicht bewerten will, was schön ist und was nicht, denke ich, weißt du was ich meine. Ein eher neutraler Ansatz ist vorzuziehen, da der schnelle Wechsel von negativen zu positiven Selbstgesprächen sehr unrealistisch sein kann. Daher solltest du einen realistischen, praktischen und schrittweisen Ansatz wählen.

Tamar, E. Chansky, die renommierte Psychologin und Autorin des Buches „Freeing Yourself From Anxiety", schlägt das von ihr genannte "possible thinking" vor, was zu Deutsch in etwa das „Nachdenken über Gelegenheiten und Chancen" bedeutet. Wenn du dich unter Druck gesetzt fühlst, jeder Sache etwas Positives abzugewinnen, dann solltest du versuchen, dich zu entspannen und „possible thinking" ausprobieren. Versuche dich an die Fakten zu halten und auf neutrale Weise zu denken. Wenn du davon überzeugt bist, dass du einen lausigen Vortrag gehalten hast, dann denke an all die anderen Vorträge, die gut liefen. Bleibe wirklich bei den Tatsachen. Wie viele Vorträge hast du bis heute gehalten? Wie viele davon waren schlecht? Was hast du mit diesen Vorträgen erreicht? Mit dieser Denkweise kannst du scheinbar unerfreuliche Ereignisse neutralisieren.

Machst du dir große Sorgen um etwas? Dann wirst du über folgende Erkenntnisse erstaunt sein. Das Buch „Worry Cure: Seven Steps to Stop Worry from Stopping you" von Robert L. Leahy präsentiert die Ergebnisse einer von der Cornell Universität durchgeführten Studie über die Sorgen der Studienteilnehmer. Erstaunlicherweise sind 85 % der Sorgen der Studienteilnehmer nie eingetreten. Wir neigen dazu, uns die schlimmsten Dinge vorzustellen, aber meistens treten diese niemals ein. In der erwähnten Studie konnten 79 % der Befragten deutlich besser mit ihrer Situation umgehen, als sie sich vorgestellt hatten. Demzufolge ist also wahrscheinlich auch deine Situation nicht so schlimm wie du denkst. Falls du dir oft Sorgen um die Zukunft machen solltest, kann ich dir dieses Buch übrigens sehr empfehlen.

Positives Denken soll nicht dazu führen, dass du alles Negative in deinem Leben mit aller Macht verdrängen solltest. Bedauerliche Dinge können natürlich schon passieren. Du wirst dich unmotiviert oder niedergeschlagen fühlen. Zwinge dich nicht, positiv zu sein oder so zu tun, nur weil dir das ein Buch oder ein Coach gesagt hat. Dies kann nämlich äußerst kontraproduktiv sein. Wichtig ist allerdings, dass du dringend vermeiden solltest, dich von einem stark negativen Denken und Selbsthass übermannen zu lassen. Du legst extremes Verhalten an den Tag, wenn du davon überzeugt bist, dass du eine Katastrophe auf zwei Beinen bist oder all deine Beziehungen ein Desaster sind. Beim positiven Denken geht es darum, dass man sich darüber klar wird, dass das Leben nicht perfekt ist, aber dennoch vieles gut für einen läuft. Es geht darum, auf feinfühlige Art zu erkennen, dass manches möglicherweise nicht nach deinen Vorstellungen ablief und dies in einen Gesamtzusammenhang zu stellen. Nur weil du beispielsweise ein Projekt in den Sand gesetzt hast, bedeutet das nicht das Ende deiner Karriere.

Vermeide es, nur auf die negativen Seiten einer Situation oder eines Umstandes zu achten. Bei den meisten Umständen halten sich positive und negative Seiten die Waage – es ist deine Aufgabe, diese Seiten zu identifizieren und eine realistische Herangehensweise zu wählen. Betrachtest du nur die negativen Aspekte, so wirst du dir keine Anerkennung für schrittweise Verbesserungen oder andere erfreuliche Dinge, die du erreicht hast, zukommen lassen. Angenommen, du hattest eine befriedigende Note bei einer Prüfung und man teilt dir mit, dass du dich seit der vorigen Prüfung stark verbessert hast. Das Fokussieren auf die negativen Aspekte dieser Situation führt hier jedoch dazu, lediglich auf die befriedigende Note zu achten, während du die positive Seite, nämlich deinen deutlichen Fortschritt, übersiehst.

Sei ein Schönredner – aber richtig!

Am Anfang des Buches habe ich geschrieben, dass positives Denken nicht alleine Schönreden bedeutet. Doch das „Schönreden", das ich hier beschreibe bedeutet etwas anderes.

Manchmal kommt es vor, dass sich die Bedeutung eines Satzes völlig verändert, nachdem man die Wortwahl nur ein klein wenig modifiziert hat. Du brauchst also deine Wortwahl nur ein klein wenig zu ändern, um einen gewünschten Blickwinkel zu erzeugen. Statt zu klagen: „Ich bin völlig unorganisiert und kriege nichts auf die Reihe", sage dir beispielsweise: „Wenn ich weiterhin so herumhänge, werde ich vermutlich nicht allzu viel erledigen können". Mit der ersten Äußerung würdest du dich offenkundig auf sehr negative Weise charakterisieren. Du sagst damit aus, was du über dich denkst. Die zweite Äußerung beschreibt jedoch, wie du dich fühlst und sagt nichts darüber aus, wer du bist. Manchmal ist eine bessere Wortwahl hilfreich, um eine Verbesserung der Selbstwahrnehmung zu erreichen.

Gewöhne dich daran, auf positive Art mit dir zu kommunizieren, statt zerstörerische Gedanken zu haben. Warum solltest du dich mit Negativem aufhalten, wenn du auch auf konstruktive Weise mit dir kommunizieren kannst? Statt dir einzureden, dass du ein Fettsack bist und dich nie jemand lieben wird, solltest du versuchen, dir zu sagen, dass du eben ein paar Kilos abnehmen wirst, bis du dein ganz individuelles Wohlfühlgewicht erreicht hast. Diese Art von motivierenden Selbstgesprächen wird dir positive Energie verleihen. Damit bist nicht nur motiviert, dein Bestes zu geben, sondern du wirst auch zufriedener, wahrscheinlich länger und sicherlich erfüllter leben.

Wir sind oftmals Opfer unserer Redegewohnheiten. Unsere Sprachmuster sind oft derart negativ, dass wir deren zerstörerische Wirkung auf unsere Psyche nicht einmal wahrnehmen. Wie bereits beschrieben, geht der innere Idiot oft ganz schön schlau, weil subtil, vor. Wir werten uns vor unseren Mitmenschen ab, wenn wir uns einreden, wie dumm wir doch sind, weil wir dieses oder jenes getan haben. Gibt uns andererseits jemand ein Kompliment, antworten wir mit „klar doch!". Diese Geringschätzung dir selbst gegenüber mag lustig erscheinen, aber sie tut deiner Seele nicht gut. Wenn dir jemand ein ehrliches Kompliment macht, dann nimm es dankend an. Es wird auch den Komplimentgeber freuen, wenn er sieht, dass du dich über seine netten Worte freust. Ich freue mich zum Beispiel jedesmal total, wenn mir jemand schreibt, dass meine Videos hilfreich waren. Da ich mittlerweile auch täglich solche Nachrichten oder Kommentare bekomme, freue ich mich täglich darüber. Ist das nicht schön? Würde ich aber diese Komplimente nicht voll annehmen, würde mir sehr viel Freude entgehen. Dies würde dann auch dazu führen, dass ich meine zukünftigen Videos mit weniger Motivation drehen würde. Das würde sich wiederum auf die Qualität niederschlagen und ich würde. wahrscheinlich in Zukunft auch weniger solche Nachrichten bekommen.

Wir sollten also aufpassen, dass diese Denk- und Redemuster nicht zur Gewohnheit werden.

Gewohnheiten sind ein naturgegebener Automatismus. Die meisten Gewohnheiten trainieren wir uns in frühester Kindheit an. Es sind Rituale und Handlungen, die für unser Wohlbefinden wichtig sind. So wichtig, dass sie wie eine grundlegende Programmierung in unserem Unterbewusstsein abgespeichert werden. Sie gehören irgendwann zu unserem Leben dazu und werden bei Bedarf automatisch abgerufen. Damit ist unser Verstand frei für Entscheidungen und Handlungen, die individuell vollzogen werden müssen.

Dabei kann man verschiedene Arten von Gewohnheiten unterscheiden. Wenn wir von unseren Gewohnheiten sprechen, meinen wir meist die typischen Verhaltensgewohnheiten. Wie der Begriff schon verrät, handelt es sich hierbei um Gewohnheiten, die sich durch Handlungen zeigen. Dazu gehören das Rauchen, das Trinken, ungesundes Essen, aber auch Nägelkauen, Unpünktlichkeit und Unordentlichkeit. Gute Neujahrsvorsätze beschränken sich meist auf diese Verhaltensgewohnheiten. Obwohl wir uns mit der Umsetzung schwertun, sind sie jene Form der Gewohnheiten, die im Grunde am leichtesten zu ändern sind.

Schwieriger wird es bei den so genannten Denkgewohnheiten. Diese Gewohnheiten bezeichnen die Art und Weise, wie wir über bestimmte Dinge denken und urteilen, ob wir etwas als gut oder schlecht empfinden und welche Haltung wir gegenüber unserem Umfeld und uns selbst einnehmen. Also genau das worüber wir hier sprechen. Wer seine Denkgewohnheiten ändern möchte, nimmt sich beispielsweise vor, positiver zu denken, dankbarer zu sein, anderen Menschen gegenüber mehr Toleranz zu zeigen und nicht mehr so selbstkritisch zu sein. Dies sind natürlich nur einige wenige Beispiele dafür. Das Spektrum der Denkgewohnheiten ist selbstverständlich schier grenzenlos.

Aber auch Gefühle können streng genommen Gewohnheiten sein

– so genannte Gefühlsgewohnheiten. Dazu gehören: Angstgefühle bei bestimmten Gelegenheiten, Schamgefühle, Minderwertigkeitsgefühle, Das Wütend-werden in bestimmten Situationen oder was Traurigkeit in uns weckt. Wir glauben manchmal, solche Gefühlsgewohnheiten seien Teil unseres Charakters, doch sie sind meist irgendwann in früher Kindheit und Jugend entstanden und wurden als Gewohnheit in unserem Unterbewusstsein installiert.

Darüber hinaus gibt es Gewohnheiten, die feste Rituale bezeichnen. Manche lassen sich mit geänderter Lebenssituation schnell wieder ablegen. Andere sind Automatismen, die so unverrückbar in uns verankert sind, dass sie unserem Leben die eigentliche Struktur geben.

Typische in frühester Kindheit angelernte Automatismen sind der Tag-Nacht-Rhythmus, regelmäßige Essenszeiten oder auch die Angewohnheit, regelmäßig etwas zu trinken. Eltern kennen es nur zu gut, dass man in diesem frühen Stadium häufig versehentlich Gewohnheiten installiert, die später lästig werden, wie beispielsweise, dass das Kind nur einschlafen kann, wenn es eine Haarlocke der Mutter in der Hand hält. Bei meiner Tochter hatten wir öfter solche Fälle, wo wir versehentlich eine „kleine" Gewohnheit installiert haben, die dann nicht vorteilhaft gewesen ist. Das ist ganz normal. In diesem Alter sind wir recht lernfähig. Unser Unterbewusstsein ist noch ein unbeschriebenes Blatt, was bedeutet, wir können neue Gewohnheiten schnell etablieren, sie aber auch ebenso schnell wieder eliminieren. Übersteht es eine Gewohnheit über dieses Stadium hinaus, wird sie zu einem elementaren Anker in unserem Leben. Umso achtsamer sollten wir also mit unseren Gewohnheiten umgehen, um schlechten Gewohnheiten erst gar keinen Raum zu geben. Und hier spielen unseren Sprachgewohnheinten wie Formulierungen und Redemuster eine große Beduetung. Sie sind maßgeblich für das weitere Empfinden einer Situation und somit den emotionalen Wert, der einer Situation beigemessen wird.

Somit schließt sich der Kreis zu unseren Sprachmustern und es wird klar, dass dieser automatische Denkprozess (die Kritik an sich selbst) also auch eine Art Gewohnheit ist. Oftmals führt dieser Prozess dazu, dass wir ein negatives Selbstbild entwickeln, wodurch unser Selbstbewusstsein geschwächt wird. Wir sehen ja nur das Schlechte. Wie sollen wir da ein positives Selbstbild entwickeln? Die Wahrheit ist aber, dass wir schon viel mehr gut machen, als wir eigentlich oft erkennen. Der erste Schritt ist es also auch zu erkennen, was wir schon gut und richtig machen. Durch die in diesem Buch vorgestellten Strategien wird das zum Teil ganz automatisch passieren. Trotzdem ist es ratsam, diesen Gedanken immer wieder mal zu beachten, wenn wir gerade sehr kritisch wegen unserer schlechten Gewohnheiten sind.

Ersetzt du alltägliche Worte und Phrasen durch andere, so wirst du einen deutlichen Unterschied feststellen können. Sagen wir uns beispielsweise nicht sehr oft, dass wir noch etwas zu erledigen hätten oder noch etwas vorhaben, wie beispielsweise das Abendessen zubereiten zu müssen? Ersetze das „muss" mit „es wird mir gelingen". „Mir wird es gelingen, meine Rechnungen zu bezahlen" oder „mir wird es gelingen, heute noch Gemüse einkaufen zu gehen". Anstatt deine Aufgabe als Pflicht anzusehen, drückst du auf diese Weise Dankbarkeit dafür aus, dass du diese Dinge tun kannst. Diese Vorgehensweise kann deine gesamte Einstellung ändern. Diese Formulierung mag zwar anfangs etwas komisch klingen, aber die Wirkung ist durchschlagend. Das nächste Mal, wenn du darüber klagst, dass du zur Arbeit musst, denke doch daran, wie glücklich du dich schätzen kannst, überhaupt arbeiten und dich und deine Familie versorgen zu können. Wenn du daran denkst, dass es dir heute wieder einmal gelingt, zur Arbeit zu erscheinen, wirst du dich deutlich positiver und weniger gestresst fühlen.

Dies bedeutet allerdings nicht, dass du die Situation nicht ändern kannst. Wenn du unglücklich mit deiner Arbeitsstelle bist, dann liegt es an dir, das zu ändern. Allerdings nützt es nichts, dich nur darüber zu beklagen und nicht zu handeln. Erinnere dich:

Change it, leave it or love it! Dieses Sprichwort kann auch zeitlich betrachtet werden. Zum Beispiel könnten wir das Problem mit der Arbeit gedanklich folgendermaßen angehen:

Change it: Langfristig. Wir könnten uns zum Ziel setzen, innerhalb von einem halben Jahr eine neue Arbeitstelle zu haben.

Leave it: Mittelfristig. Du könntest planen, deine Arbeitsstelle in 4 Monaten verlassen zu können. Dann hättest du 2 Monate Auszeit, die du für dich nutzen könntest. Der gedankliche Abschied würde allerdings schon früher passieren, sodass du die alltäglichen „Probleme" in der Arbeit nicht mehr so ernst nehmen würdest.

Love it: im jetzigen Moment können wir vielleicht nichts daran ändern, aber dann bringt es uns auch nichts, uns darüber zu beklagen. Wir sollten daher froh, sein überhaupt einen Job zu haben (love it). Dankbarkeit relativiert viele Situationen enorm.

Wie du siehst, hat eine Änderung der Formulierungen oftmals eine gewaltige Wirkung. Meistens setzt diese Veränderung darüber hinaus noch Energie frei, um auch konkrete Handlungen zur

Verbesserung der Situation vorzunehmen. Achte also künftig stark auf deine Formulierungen. Relativiere negative Aussagen, wie „ich bin total zornig" duch „ich bin etwas gereizt" und schon wirkt sich der Satz komplett unterschiedlich auf dich aus. Wenn wir in einer negativen Gefühlslage sind, sollten wir also sehr übertriebene Formulierungen (sowohl positiv als auch negativ) vermeiden und die Situation eher nüchtern betrachten und auch formulieren. Wenn wir dann unseren Zustand gebessert haben, verbessern wir dementsprechend auch unsere Formulierung. Der Prozess verläuft also Schritt für Schritt.

Schritt 1: Wir fühlen uns schlecht. Dann sollten wir nüchterne und neutrale Formulierungen verwenden. Durch diese nüchterne Betrachtungsweise verbessert sich unser Zustand.

Schritt 2: Wenn sich unser Zustand verbessert hat und auf einem neutralen Level ist, verbessern wir auch unsere Formulierungen und verwenden leicht positive Formulierungen.

Schritt 3: Durch die leicht positiven Formulierungen wird sich auch unser Zustand bessern und leicht positiv werden. Dann gehen wir zu sehr positiven Formulierungen über.

Wichtig dabei ist einfach nur, dass unser Lügendetektor nicht ausschlägt. Wenn es uns total schlecht geht und wir

Formulierungen, wie „ich bin so glücklich" verwenden, schlägt der Alarm zu und wir glauben uns selbst kein Wort. Dies wird übrigens oft bei Affirmationen falsch gemacht. Hier werden von vielen Menschen in offensichtlich schlechten Situationen extrem positive Formulierungen verwendet. Unser logisches Denken erkennt die Formulierung als totalen Schwachsinn und schlägt erbarmunsglos zu. Daher ist es besser, Schritt für Schritt zu arbeiten.

Eine weitere Möglichkeit ist die „Potential Formulierung", die vor allem bei Affirmationen sehr gut wirken kann. Hier ändert man einfach den Satz so um, dass er unseren Lügendetektor umgeht. Das funktioniert dann so:

Du fügst deiner Affirmation einfach die Worte „ich habe das Potential dazu..." oder „Ich habe das Zeug dazu..." vor deinem Satz hinzu.

Das kann dann in etwa so klingen:

„Ich habe das Zeug dazu, voll und ganz glücklich zu sein".

Diese Formulierung umgeht dein logisches Denken und löst wenig bis keinen Alarm aus. Das Wort „Glück" speichert sich trotzdem in deinem Unterbewussten ab. Wenn du das einige Male gemacht hast, wird dein Lügendetektor bei dem Wort „Glück" generell weniger reagieren und du kannst mit der Zeit zu deiner normalen Affirmation übergehen.

Ist das nicht herrlich? Hätte ich diesen Tipp schon früher gewusst, hätte ich mir einiges an Kopfzerbrechen (und verschwendete Zeit für falsche Affirmationen) erspart.

Schaff' es dir vom Hals

Möglichweise fühlst du dich beschämt, schuldig und mit Bedauern und Selbstmitleid erfüllt, wenn dir etwas missglückt ist. In diesem Falle solltest du mit einem Vertrauten oder einem ausgewählten Familienmitglied darüber reden. Schaffe dir die so genannte Reue vom Hals. Du zeigst Mut, wenn du gegen deine eigene Intuition handelst und zu deinem Missgeschick stehst. So bleibt nicht mehr viel Raum für Selbstkritik. Du stellst dich ja buchstäblich und stehst zu all deinen Fehlern. Es gibt nicht viele Aktionen, die eine größere Selbstannahme darstellen. Es ist gar nicht unwahrscheinlich, dass dein Gesprächspartner und sogar du schon bald anfangen, herzlich über dein Missgeschick zu lachen, so dass du deine Reue schnell vergisst. Wie gesagt: Selbstkritik kann manchmal gut sein und man sollte zu sich selbst auch ehrlich bleiben. Doch wird diese „Ehrlichkeit" oft nur auf die negativen Dinge angewendet und nicht auf die positiven. Mach dir also klar, dass übermäßige Selbstkritik genauso wenig mit der „Wahrheit" zu tun hat, wie seine Augen vor Herausforderungen zu schließen.

Akzeptiere deine Schwächen – Sie gehören dazu!

Es kann sehr befreiend sein, wenn du deine Schwächen akzeptieren oder gar lieben lernst. Befreie dich vom Druck deiner unrealistisch hohen Erwartungen. Perfektion ist ein zweischneidiges Schwert. Sie kann auch äußerst zerstörerisch sein. Du solltest dir also keine unrealistischen Ziele setzen. Das soll nicht bedeuten, dass du dir keine hohen Ziele setzten solltest. Doch übermäßiger Perfektionismus lähmt oftmals. Wenn man alles perfekt machen will, kommt dabei oft wenig heraus. Es gilt das Motto „ganz oder gar nicht". Ich kenne das nur zu gut von mir selber. Als ich meinen Youtube Kanal gestartet habe, war mein Hauptthema bzw. Fokus grüne Smoothies. Daher war es nur allzu naheliegend, dass ich ein Buch zu diesem Thema schreiben würde. Gedacht, getan. Im Mai 2015 habe ich damit gestartet. Jetzt, als ich diese Zeilen schreibe, ist April 2017. Also knapp 2 Jahre später. Du fragst dich vielleicht: „Wo ist das Resultat?". Nun, ich habe das Buch mittlerweile ganze 4 mal überarbeitet, obwohl ich es eigentlich fertig hatte. Ich wollte es perfekt machen. Doch genau diese Perfektion, die ich in diesem Buch erreichen wollte, hat mich daran gehindert, das Buch jemals zu veröffentlichen. Außerdem habe ich genau dadurch auch die Lust an diesem Buch verloren und mich auf andere Projekte konzentriert. Bei meinem nächsten Projekt habe ich meinen Fokus geändert und ganz bewusst von mir nicht verlangt, alles perfekt zu machen. Zu dieser Zeit habe ich gerade an meinem Buch über Meditation gearbeit. Ich wollte es so gut wie möglich machen und so viel Wert für den Leser wie möglich schaffen, es musste aber nicht „perfekt" sein. Das Resultat war, dass ich mit viel mehr Freude und Elan daran arbeiten konnte, und ich lockerer war. Dadurch konnte ich aber auch mehr von meinen persönlichen Gedanken und Gefühlen einbauen. Ich habe mich dadurch getraut, über Ängste und Schwächen von mir zu schreiben. Im Nachhinein hat sich herausgestellt, dass genau das eine Stärke des Buches ist. Ich erhalte immer wieder Nachrichten, wo sich Menschen bei mir dafür bedanken, dass ich so offen über meine Ängste gesprochen habe. Sie konnten sich dadurch in die Beispiele besser hineinversetzen und es hat sie zusätzlich motiviert.

Zeige dir selbst gegenüber also Liebe und Mitgefühl. Wir zeigen doch auch unseren Lieben Empathie wenn es ihnen schlecht geht und dennoch vermeiden wir es, unseren eigenen Schwächen mit Wohlwollen zu begegnen. Du kannst einfach nicht immer perfekt sein; das ist äußerst unrealistisch. Es ist in Ordnung, wenn du hin und wieder Fehler machst aber dann weiter voran schreitest. Lerne von deinen Fehlern statt stets streng zu dir zu sein. Viele Menschen haben die Gewohnheit, sich lange Zeit mit ihren Fehlern zu befassen. Die wahrhaft positiven Menschen sind dennoch jene, die aus diesen Fehlern lernen und weitermachen. Es muss nicht alles sofort gelingen. Mein Buch über grüne Smoothies ist das beste Beispiel. Doch wenn man aus Rückschlägen lernt und aus den Erfahrungen neue Angehensweisen ableitet entsteht oftmals etwas sehr Gutes.

Eliminiere die Quelle

Diese Überschrift soll nun nicht aussagen, dass du mit einer Waffe herumlaufen und alle negativen Menschen einfach abknallen sollst. Scherz beiseite – du solltest einfach verstehen, woher die negativen Monologe kommen und wie diese ausgelöst werden. Manchmal lösen unsere Mitmenschen negative Gefühle sowie Selbstkritik in uns aus. Negative Kommentare und Kritik von anderen können die Grundlage unserer negativen Selbstsicht sein. Das kann dazu führen, dass wir davon überzeugt sind „nicht gut genug zu sein". Du solltest die Meinung oder Ansicht anderer nicht zur Grundlage deiner negativen Monologe werden lassen.

Erinnere dich an das was wir am Anfang besprochen haben. Eine große Aufgabe auf dem Weg zum positiven Denken besteht darin, unser Gehirn zu trainieren unsere Gefühle von Innen heraus zu bilden und uns nicht zu konditionieren, äußeren Einflüssen ausgeliefert zu sein. Doch das bedeutet nicht, dass äußere Einflüsse keine Auswirkung auf unser Denken haben. Wir können es zwar schaffen, uns in einem schlechten Umfeld nicht „herunter ziehen zu lassen", aber das kostet Kraft. Daher ist es zusätzlich ratsam, sein eigenes Umfeld zu prüfen.

Gibt es eine sehr negative Person in deinem Umfeld? Hat sich diese Negativität auf dich übertragen? Manchmal liegt die Quelle dieser negativen Monologe nicht in uns, sondern außerhalb von uns selbst. Es spricht quasi der innere Idiot von anderen Personen zu uns. Es ist eine Herausforderung, nicht selbst negativ zu werden, wenn man stets von negativen Menschen umgeben ist und es ist schwer, gegen die negative Art anderer Menschen anzukämpfen. Diese Menschen kämpfen offenbar auch gegen ihre eigene Unsicherheit und leiden unter einem niedrigen Selbstbewusstsein. Du solltest solche Menschen nach Möglichkeit meiden, denn nur so wirst du deine Ziele mit einem konstruktiven Optimismus erreichen können.

Die folgende Szene kommt dir wahrscheinlich bekannt vor. Dein Tag läuft ziemlich gut. Du hast gut geschlafen, fühlst dich entspannt und hast bereits gut gefrühstückt. Du erscheinst im Büro und ein Kollege beschwert sich über das unerträglich kalte

Wetter. Bis zum Zeitpunkt, als der Kollege darüber sprach, hattest Du allerdings das kalte Wetter noch gar nicht richtig wahrgenommen. Es hat dich zumindest nicht gestört. Kurz darauf beginnt das große Jammern über das schreckliche Wetter. Ein paar Tage später ist es dann plötzlich heiß und schwül – und du bist beim allgemeinen Klagen selbstverständlich mit von der Partie. Im Büro ist das gängigere Thema natürlich meistens eher die Chefetage. Da ich aber ein sehr gutes Auskommen mit meinem Chef hatte und ihn als Mensch sehr schätze, wollte ich dieses Beispiel an dieser Stelle nicht verwenden.

Egal welches Thema: Bitte pass auf, dass du nicht in diese Falle tappst. Forschungsergebnisse der Warsaw School of Social Psychology haben gezeigt, dass Menschen, die sich permanent beklagen, auch öfter schlecht gelaunt sind, ein unbefriedigendes Leben führen und pessimistisch sind. Gelegentliches Jammern kann manchmal ganz angenehm sein, aber gewohnheitsmäßige Jammerlappen müssen eine Menge (emotionaler) Nachteile erdulden. Wenn du bei diesem Jammern mitmachst, werden sich deine Mitmenschen bestätigt fühlen und sogar noch mehr klagen. Bitte bekräftige nicht noch deine Mitmenschen in ihrem Klagen. Es ist auch für sie nicht vorteilhaft.

Nimm nicht alles persönlich

Angenommen du bist mit einem deiner Freunde zum Training im Fitnessstudio verabredet. Leider ändert diese Person oft in letzter Minute ihre Pläne und kommt dann doch nicht zum Training, weil sie sich beispielsweise um ihre Kinder kümmern muss. Vermeide es zu glauben, dass dein(e) Trainingsparter(in) keine Lust hat mit dir zu trainieren oder dich möglicherweise langweilig findet. Jeder von uns neigt dazu, Dinge persönlich zu nehmen und sich bezüglich uns selbst die unerfreulichsten Dinge vorzustellen. Wenn jemand deinen Anruf nicht entgegen nehmen kann, weil die Person gerade Auto fährt oder sich in einer Besprechung befindet, gehen wir gleich davon aus, dass man nicht mit uns reden möchte oder uns nicht ausstehen kann. Vermeide es, dir alles zu Kopfe steigen zu lassen. Allzu vieles persönlich zu nehmen und sich das Schlimmste auszumalen hilft nur selten weiter.

Außerdem entsprechen diese Gedanken nur in den seltensten Fällen der Realität. Oft hat es einfach andere Gründe, warum andere Menschen handeln, wie sie handeln. Trotzdem beziehen wir solche Situationen oft auf uns selber und verfallen in negative Selbstkritik bzw. Sprachmuster.

Das Motto lautet also:

Sage nichts, was du nicht auch deinen besten Freunden sagen würdest

Jedes Mal, wenn du anfängst dich selbst abzuwerten, solltest du innehalten und nachdenken. Würdest du dich auch deinen besten Freunden gegenüber so verhalten? Falls nicht, dann solltest du aufhören derart negativ über dich zu denken. Niemand verdient es, eine Kritik zu erfahren, die man nicht einmal seinem besten Freunden sagen würde. Schütze dich vor negativ konnotierten Selbstgesprächen. Du kommst weiter, wenn du diese verärgerte Art vermeidest. Wenn du deinen besten Freunden gegenüber verständnisvoll und empathisch sein kannst, dann kannst du mit Sicherheit auch deinen inneren Kritiker in seine Schranken verweisen.

Aus irgendeinem merkwürdigen Grund stört es viele Menschen nicht, sich selbst schlechter zu behandeln als sie je einen Mitmenschen behandeln würden. Würdest du deinen besten Freund als fetten, langweilig aussehenden, wertlosen Versager bezeichnen? Natürlich nicht; aber warum hast du kein Problem damit, dich selbst so zu bezeichnen? Vielleicht hast du in dem Fall ja ein Problem damit. Wenn ja, dann gratuliere ich dir! Doch auch, wenn deine Formulierungen nicht so extrem sind, könnte es doch sein, dass sie immer noch sehr selbstkritisch sind. Sei netter zu dir. Gönne dir eine entspannende Massage, wenn du erfolgreich warst oder klopfe dir für gute Arbeit auf die Schulter.

Wir tyrannisieren uns oft selbst derart subtil und unterbewusst, dass uns nicht einmal auffällt, welchen Schaden wir damit anrichten. Stelle keine derart hohen Ansprüche an dich selbst, von denen du niemals erwarten würdest, dass andere sie erfüllen können. Es ist sehr gut, wenn du dich selbst antreibst, aber dies kann in Quälerei ausarten, wenn du versuchst, allzu perfektionistisch zu sein. Höre auf damit. Genieße die Gegenwart und schreite einfach voran. Halte dich nicht in deiner Vergangenheit auf.

Versuche, eine ermutigende innere Stimme zu pflegen und ersetze Kritik durch positive Worte. Gib dir eine positive Rückmeldung anstatt allzu streng mit dir zu sein. Sage dir „Wenn ich dies beim nächsten Mal etwas anders mache, werde ich deutlich besser sein" anstatt „ich habe schon wieder nur Mist gebaut". Verteile deinen Mitmenschen und dir selbst großzügig Komplimente. Anderen Lob zu erteilen wird dich ermutigen und dich selbstbewusster und positiver machen.

Nimm eine Auszeit von den sozialen Medien – oder entscheide weise

Die Forschung hat gezeigt, dass man umso selbstkritischer wird, je mehr Zeit man mit den sozialen Medien verbringt. Das wundert mich nicht. Man wird immer sein weniger perfektes Leben mit den vermeintlich perfekten Leben der anderen vergleichen, ohne zu bemerken, dass sich jeder bewusst von seiner Sonnenseite präsentiert. Ich bin davon keine Ausnahme. Ich versuche meine Kanäle zwar so authentisch und realitätsnah als möglich zu machen, aber natürlich kann ich nicht jeden schwierigen Moment mit der Welt teilen. Das hätte überhaupt keinen Sinn und würde auch wenig Positives bewirken. Trotzdem ist es wichtig zu verstehen, dass auch Instagram-Models schlechte Tage haben und all der Glitzer und Glamour auf den Fotos noch viel mehr glänzt als in echt. Anstatt zu viel Zeit mit den sozialen Medien zu verbringen, solltest du dich daher mehr mit deinen eigenen Gedanken befassen. Sei lieber du selbst, statt zu versuchen so zu sein, wie es die Gesellschaft oder andere möchten. Behandle dich so, wie du von anderen behandelt werden möchtest. Verhalte dich gegenüber dir selbst im Einklang mit deinen persönlichen Werten und deine Mitmenschen werden dir gegenüber schon bald ein ähnliches Verhalten an den Tag lagen. Wenn du soziale Medien verwendest, dann benutze sie sehr selektiv. Überlege dir gut, wem du deine Zeit schenkst und ob diese Person förderlich für dein Leben ist. Vielleicht ist es nicht einmal die Zeit in sozialen Medien, die negative Emotionen auslöst, sondern einfach der unbewusste Umgang mit ihnen bzw. kein angebrachter Filter an Personen, denen du folgst.

Wenn du dich mit anderen vergleichst, ist das meistens ungerecht. Dadurch werden oftmals nur Gefühle der Minderwertigkeit und Inkompetenz ausgelöst. Nimm eine Auszeit von den sozialen Medien und versuche dich mit dir selbst zu verbinden und dein wahres Potenzial zu finden statt zu versuchen, die Ansprüche der anderen zu erfüllen. Vergleiche können dann zur Inspiration dienen, sollten dich aber niemals belasten.

Höre sofort auf, Opfer zu spielen – ja sofort!

Kommt es dir oft so vor, dass du dich verhältst als verlierest du die Kontrolle? Fühlst du dich wie ein Opfer der Umstände? Das passiert uns allen wahrscheinlich sehr häufig. Wir geben äußeren Umständen die Schuld und spielen das Opfer. Es ist allerdings dein Leben! Wir schaffen unser Leben selbst. Wenn wir akzeptieren, dass wir für alles verantwortlich sind was mit uns geschieht, so sind wir am Steuerrad unseres Lebens. Vielleicht haben wir nicht die Kontrolle über alle Ereignisse, die uns widerfahren. Wir können jedoch unsere Reaktion auf diese Ereignisse kontrollieren. Es gibt immer eine Lösung, egal wie düster die Umstände uns erscheinen mögen. Du selbst wirst entscheiden müssen, ob du eine Änderung herbeiführen willst und wie du dich verhältst.

Eine Möglichkeit, aus der Opferrolle ganz automatisch herauszukommen ist, indem du dein Gehirn konditionierst, weniger aus äußeren Reizen und mehr aus inneren Entscheidungen heraus Gedanken und Gefühle zu erzeugen. Erinnere dich an mein Beispiel mit der geführten Meditation. Dies wäre zwar ein Beispiel für positive äußere Beeinflussung und somit sehr wertvoll, doch wenn Handlungen für „innere Beeinflussung" fehlen, dann wird unser Gehirn zur Reaktivität konditioniert. Reaktiv bedeutet in diesem Zusammenhang abhängig von den Umständen   –   und   somit   „Opfer".

Es liegt also an dir, dein Gehirn durch regelmäßiges Training neu zu verdrahten und somit die Kontrolle über deine Gefühls- und Gedankenwelt zu bekommen. Bist du Herr deiner Gedanken, dann bist du auch Herr in deinem Leben

Lege deine Vorurteile beiseite

Negative Monologe rühren von niedrigem Selbstbewusstsein, welches wiederum eine Folge unserer Urteile uns selbst gegenüber ist. Die wahren Begebenheiten werden dadurch womöglich nicht korrekt abgebildet; es handelt sich vielmehr um eine Verzerrung der Realität, oder man ist generell recht streng zu sich, wenn die Dinge mal wieder anders laufen als geplant. Erinnere dich an den inneren Idioten.

Versuche also gerechter hinsichtlich deiner Fähigkeiten, Fertigkeiten und Erfolge zu sein. Was würdest du von einer Person mit deinen Fähigkeiten und erzielten Erfolgen halten? Betrachtest du dich auf gleiche Weise oder bist du dir gegenüber deutlich strenger? Ich kann von mir selber behaupten, dass ich mir selber gegenüber sehr viel kritischer bin als anderen Leuten gegenüber. Du siehst also, dass ich sicherlich auch nicht alles perfekt umsetzen kann, was ich hier beschreibe. Ich bin in keinster Weise perfekt. Ich bin oft ungeduldig, kritisch mir selbst gegenüber. Doch zum positiven Denken gehört eben auch, zu seinen Fehlern zu stehen und daraus seine Schlüsse zu ziehen.

Ohne es zu merken, bewerten wir unterbewusst ständig unsere Situation. Versuche deinen inneren Kritiker zur Vernunft zu bringen statt weiter selbstzerstörerisch zu sein. Dies schaffen wir eben auch, indem wir vorschnelle Schlüsse (Vorurteile) über gewisse Situationen und Handlungen ablegen. Diese Schlüsse bilden wie so oft selten die Realität ab und wir verzerren diese Situationen oft ins Negative.

Du magst dich nun fragen, wie du das überhaupt machen solltest bzw. was du denn dann überhaupt noch machen solltest. Alles soll man sein lassen: negative Selbstgespräche, voreilige Schlüsse, überschwängliche Formulierungen. „Das ist ja schön und gut, aber wie soll ich das machen?". Nun, dazu komme ich im Detail noch später, aber ich möchte dir gleich 2 Tipps geben:

Affirmationen: positive Affirmationen sind eine sehr kraftvolle Technik, um den negativen Gedankenmonstern die Stirn zu bieten und sie ein für alle mal zum Schweigen zu bringen.

Setz dir eine Challange: die zweite Möglichkeit ist, sich sofort zur Umsetzung zu zwingen. Das machst du am besten in Form einer Challange. Nimm dir zum Beispiel vor, dich die nächsten 3 Tage nicht zu beklagen. Sowohl gedanklich als auch in ausgesprochenen Worten. Kommt der negative Kritiker dann doch, muss er sofort schweigen. In diesen 3 Tagen gibt es keinen Platz für ihn. Es ist erstaunlich, was wir alles schaffen, wenn wir müssen.

Am besten kombinierst du deine Ziele für die Challange mit der nächsten Methode.

Schreib es nieder

David Allen schreibt in seinem Buch „Wie ich die Dinge geregelt kriege: Selbstmanagement für den Alltag" über die Wichtigkeit, deinen Verstand zu entrümpeln, und wie du all deine negativen Gedanken durch ihre Niederschrift eliminierst." Wenn du Dinge niederschreibst, schaffst du Raum in deinem Geist und kannst klarer denken. Befreie dich von sinnlosen oder unnützen Gedanken indem du sie niederschreibst. Wenn du das erledigt hast, kannst du das Papier zerknüllen und in den Mülleimer werfen, um dir damit die Befreiung von diesen Gedanken zu signalisieren.

Ich würde also zuerst den ganzen „Gedankenlärm" niederschreiben, einmal ganz nüchtern überlegen, ob diese Dinge wirklich so schlecht oder unbezwingbar sind und dann mit einer positiven Challange starten. So habe ich es übrigens selber mehrmals bei verschiedenen Themen gemacht. Der Erfolg dieser Methode wird dich überraschen.

Meditiere

Meditation ist eine tolle Möglichkeit, deinen inneren Kritiker auszusperren und dich selbst einfach nur gut zu fühlen. Regelmäßig meditierende Menschen sind eher dazu geneigt, positiv zu denken und das Gute an ihrer Situation wahrzunehmen. Achtsamkeit bringt einen dazu, die Gegenwart wertzuschätzen und erlaubt es, dass man eher vorurteilsfrei dem Leben begegnet.

Weiterhin verschafft dir die Meditation Ruhe, Fokussierung und eine Dankbarkeit für die kleinsten Dinge im Leben. Meditation blockiert negative Gedanken und lässt uns die Gegenwart wertschätzen, was wiederum das positive Denken fördert.

Auch tiefe Atmung ist eine hervorragende Methode, um inneren Frieden zu schaffen. Im Allgemeinen ist die Atmung eng mit unserer Gefühlslage verbunden. Ist dir schon einmal aufgefallen, wie dir der Atem stockt, wenn du dich stark auf etwas konzentrierst? Du hast sicher schon eine Änderung deiner Atemfrequenz festgestellt, wenn du wütend oder entnervt bist. Unsere Atmung hängt von unserer Gefühlslage ab und ändert sich entsprechend schnell. Für dich ist allerdings vorteilhaft, dass du deine Gefühlslage durch die Kontrolle deiner Atmung beeinflussen kannst. Tiefe und entspannte Atmung ist eine tolle Methode, um dich zur Entspannung und Ruhe zu bringen. Du wirst zufriedener sein und dich fühlen, als würdest du wieder die Kontrolle übernehmen. Wenn du dich innerlich positiver und zufriedener fühlst, so wirst du wahrscheinlich auch deutlich weniger negative Selbstgespräche führen.

Es wurde schon oft festgestellt, dass jene, die die Macht über ihren Atem haben, auch leichter die Kontrolle über ihr gesamtes Leben haben. Diese Feststellung könnte meiner Meinung nach nicht wahrer sein. Kontrolle und Balance sind die Eckpfeiler positiven Denkens. Wenn du dich in Kontrolle übst, so wirst du in der Lage sein, deine negativen Gefühle zu steuern und zu verwandeln.

Du wirst dich besser fühlen, wenn du deinen Handlungen gegenüber achtsamer begegnest. Wenn du dein Leben wie ein Roboter führst, wirst du nur wenig Lebensfreude haben und dazu neigen, die kleinen Blumen am Wegesrand zu übersehen. Meditation wird dir die Möglichkeit geben, sogar die kleinsten Mysterien wahrzunehmen, im hier und jetzt zu leben und deinen Verstand in einen glückseligen Zustand zu führen.

Das ist übrigens nicht nur so dahingeschrieben. Da ich in meinem Leben so stark von der Meditation profitiert habe, habe ich diesem Thema ein eigenes Buch gewidmet. Darin beschreibe ich, wie ich durch Meditation wieder geistige Klarheit in schweren Zeiten finden konnte. Wenn du öfter mit negativen Denkmustern zu kämpfen hast, dich sehr oft gestresst fühlst oder einfach nur mehr Ruhe und Klarheit in deinem Denken willst, dann lege ich dir Meditation ans Herz.

Allerdings ist mir wichtig, an dieser Stelle zu erwähnen, dass diese Ergebnisse bei der Meditation nicht von heute auf morgen kommen. Meditation schult und trainiert unser Gehirn. Wie aber jede andere Art von Training auch benötigt das Wiederholungen und Zeit. Um also das volle Potential auszuschöpfen, das Meditation für dich bieten kann, empfehle ich dir mindestens 3 Wochen dabei zu bleiben – auch wenn du anfänglich wenig merken wirst. Die Wirkung wird kommen, aber manchmal bemerkt man das erst sehr spät. Dafür ist sie langfristig wirklich umwerfend.

Das Gesetz der Anziehung – Wie es wirklich funktioniert (und wie nicht)

Ist dir schon einmal aufgefallen, dass wenn du dich mies fühlst, dir die Welt wie ein unfreundlicher oder ungerechter Ort vorkommt? Du sagst dir Dinge wie: „Ich fühle mich so wertlos wegen ihr" oder „mein Chef hat mich mal eben angepöbelt". Wenn du dich andererseits gut fühlst, dann scheint auch das gesamte Universum freundlich oder gar wundervoll zu sein. Du denkst, dass es toll ist, auf diesem Erdball zu verweilen! Die Wahrheit ist jedoch: in beiden Fällen befindest du dich auf dem gleichen Planeten. Deine Einstellung hat sich allerdings geändert.

Das Gesetz der Anziehung ist durch Rhonda Byrnes Bestseller „The Secret – Das Geheimnis" und natürlich auch durch Oprah Winfrey bekannt geworden. Bei dem Gesetz der Anziehung handelt es sich um das Konzept bzw. die Vorstellung, dass man mittels der Kraft seiner Gedanken wirklich alles, was man sich wünscht, in sein Leben heranziehen kann. Dabei nutzt man Visualisierungen, positive Affirmationen, das Zeigen von Dankbarkeit und schreitet schließlich mit Begeisterung zur Tat. Das Potenzial, das Leben unserer Träume zu verwirklichen, befindet sich bereits in uns. Unsere Realität wird durch die Macht unserer

Gedanken und unser Unterbewusstsein geschaffen. Das bedeutet, dass das, woran du beharrlich denkst, auch in der physischen Welt erscheinen wird. Allerdings werden viele alleine bei dem Titel „Gesetz der Anziehung" stuzig. Das kann ich verstehen. Leider wird dieses Konzept oft falsch verstanden. Nämlich, dass Dinge durch reines „Wünschen" geschehen und man einfach nur vom Lottogewinn träumen muss. Das Gesetz der Anziehung funktioniert. Allerdings nicht auf diese Art und Weise. Das Handeln gehört mindestens zum gleichen Teil dazu, wie das postivite Denken.

Gleiches gesellt sich zu Gleichem. Gedanken bestehen aus Energie und wenn du Gedanken einer gewissen energetischen Frequenz aussendest, wird dir das Universum antworten, indem es Energie kongruenter Frequenz zurücksendet. Infolgedessen werden deine Vorstellungen oder Wünsche sogar verstärkt. Das Universum kann zwischen dem was du willst und nicht willst und zwischen Dingen die gut oder schlecht für dich sind nicht unterscheiden. Das Universum funktioniert auf Grundlage der Quantenphysik und reagiert lediglich auf die Frequenz deiner jeweiligen Gedanken. Wenn du beispielsweise immer wieder betonst, wie sehr du deine Arbeit hasst, dann wirst du weiterhin mit unangenehmen Situationen konfrontiert werden und deine Unzufriedenheit wird sogar noch größer. Gedanken werden zu Dingen. Wenn du permanent an eine Sache denkst, so sendest du die Nachricht ans Universum, dass du genau diese Sache auch haben möchtest und so wirst du sie schließlich in dein Leben heranziehen.

Du glaubst nicht an diese Theorie? Egal, denn die Wirkung ist trotzdem da. Alleine schon deshalb, weil dein Filter im Gehirn aktiv ist. Denkst du also immer nur an Probleme, so wirst du die dazugehörigen Lösungen nicht sehen. Auch wenn sie oft einfach und naheliegend sind. Unser Gehirn nimmt sie nicht wahr, weil der Filter aktiv ist.

Beispielsweise werden jene Menschen, die nur eine Welt des Mangels sehen oder ständig behaupten, dass sie arm dran sind, niemals vermögend. Indem sie negative Gedanken aussenden, blockieren sie die Energie der Fülle. Sie sehen die Chancen nicht und blockieren durch die negativen Gedanken auch ihre Energie für die Umsetzung. Wenn du dir Sorgen darüber machst, wie du deine Rechnungen bezahlen sollst, wirst du nur noch weitere zu bezahlende Rechnungen schaffen. Wenn du dich andererseits dankbar für die Dinge zeigst, die du bereits hast, dann wirst du noch mehr Dinge erschaffen, für die du dankbar sein wirst. Wenn du wirklich davon überzeugt bist, dass dir niemals etwas Wunderbares im Leben widerfahren wird, dann entziehst du dich wundervollen Ereignissen und Möglichkeiten.

Negatives Denken hat keinen Nutzen; es hält dich lediglich in bestimmten Situationen oder Umständen gefangen. Du denkst, du kannst nicht entrinnen, und ja: mit dieser Denkweise wird dir das Universum keine Möglichkeit geben, dich zu befreien. Und wenn es dir doch Möglichkeiten gibt, dann siehst du sie mit aller Wahrscheinlichkeit nicht.

Das hat, wie bereits geschrieben, viel weniger Mystisches an sich als man denken würde. Ein großer Teil der Wirkung hängt einfach, wie gerade besprochen, mit unserem Wahrnehmungsfilter zusammen. Wenn wir an Chancen und positive Dinge denken, erkennen wir diese Chancen und positiven Momente einfach öfter. Das Erkennen der Chancen führt dann dazu, dass wir sie öfter auch ergreifen und so führt eins zum anderen.

Jetzt weißt du, wie das Gesetz der Anziehung funktioniert. Daher solltest du dich dazu entscheiden, Verantwortung für deine Gedanken und dein Schicksal zu übernehmen. Nur du selbst hast diese Verantwortung, nicht deine Freunde, deine Familie, deine Kollegen oder sonst jemand. Du hast die völlige Kontrolle über deine Gedanken und schließlich auch über dein Leben! Entscheide bewusst, welche Gedanken du denkst! Befreie deinen Verstand von negativem und unerwünschtem Müll. Ersetze deine Sorgen durch Hoffnung. Gedanken ziehen stets weitere Gedanken der gleichen Art an. Wenn du positiv über etwas oder jemanden denkst, wird dir auch Positivität von der anderen Seite zufließen. Sobald dir positives Denken zur Gewohnheit wird, wirst du automatisch das Gute anziehen. Erinnere dich daran, dass auch das Denken gewisser Gedanken zur Gewohnheit wird. Dieses Denken zieht dann Ergebnisse an, die die Denkgewohnheiten nochmal verstärken.

Ich kann nicht für dich urteilen, aber ich habe lieber positive und kraftvolle Denkgewohnheiten, die mich in die Lage versetzten positive und kraftvolle Ergebnisse zu erzielen – die dann wiederum weitere positive Denkmuster bekräftigen.

Vielleicht fragst du dich jetzt, wie du das Gesetz der Anziehung mit positivem Denken kombinieren kannst. Es folgen einige einfache aber dennoch hochgradig effektive Hinweise zur Nutzung des Gesetzes der Anziehung und wie du damit das Leben deiner Träume erschaffen kannst.

Konzentriere dich auf deine Wünsche und nicht auf den Mangel

Gefühle des Mangels werden von Bedürfnissen ausgelöst; es handelt sich also um etwas, das wir momentan nicht besitzen. Statt dich auf den Mangel zu konzentrieren (oder auf Dinge, die du nicht hast), solltest du dich auf jene Dinge fokussieren, die du wahrlich begehrst und mit Tatkraft voranschreiten. Indem du ein Tagebuch führst und Selbstaffirmationen oder Visualisierungen nutzt, kannst du die nötige Tatkraft auslösen, um deine Vorhaben erreichen zu können. Du musst anschließend nur die entsprechenden Taten folgen lassen.

Vermeide es außerdem, dich auf deine Vergangenheit zu konzentrieren, wenn du mit dieser zurzeit unzufrieden bist. Viele Menschen werden oft in einem Teufelskreis gefangen, wenn sie sich über ihren aktuell trostlosen Zustand beklagen, da dies leider noch mehr Beklagenswertes anzieht. Stattdessen solltest du dich darauf konzentrieren, was du zukünftig erfahren oder erreichen möchtest.

Deine Vergangenheit ist nicht deine Zukunft!

Vermeide verneinende Phrasen. Wenn du dir beispielsweise eine gute Gesundheit wünschst, solltest du dir nicht sagen, dass du „nicht krank" sein möchtest. Das Universum bzw. dein Unterbewusstsein reagiert nicht auf Ausdrücke wie „nein", „nicht", „ich will nicht". Stattdessen nimmt es deinen Mangel wahr und sendet dir weiteren Mangel. Daher solltest du beispielsweise konstatieren, dass du gesund bist, denn so wird dir das Universum eine noch bessere Gesundheit zukommen lassen. Dein Verstand ist quasi wie ein Bildschirm und du hältst die Fernbedienung in deinen Händen. Nur du kannst die Bilder auf der Mattscheibe beeinflussen und kontrollieren. Lasse nicht zu, dass zerstörerische Bilder den Film deines Lebens sabotieren.

Eine der besten Möglichkeiten sich NICHT auf den Mangel zu konzentrieren ist übrigens Dankbarkeit. Dazu komme ich später noch genauer.

Äußere deine Wünsche auf sehr klare Weise

Um gute Vorsätze zu fassen ist es nicht nötig, bis Neujahr zu warten. Du kannst schon heute deine Ziele niederzuschreiben. Der erste Schritt zur Anwendung des Gesetzes der Anziehung ist es, deine Ziele klar zu definieren. Je exakter du deine Ziele formulierst, desto größer ist die Wahrscheinlichkeit, dass du sie auch erreichen wirst. Das kennt man auch aus dem richtigen Leben: Beispielsweise wird dir ein Verkäufer oder Kellner nur dann die korrekte Bestellung übergeben können, wenn du deine Bestellung auch klar und deutlich geäußert hast. Wenn du im Restaurant „Bring mir irgendwas" sagst, stehen die Chancen, dein Lieblingsgericht zu bekommen, nicht allzu gut. Es ist möglich, aber nicht wahrscheinlich.

Was willst du in einem Jahr erreicht haben? Um wieviel Prozent möchtest du dein Gehalt oder deinen Umsatz steigern? Wie viele neue Follower soll dein neuer Blog in den nächsten 6 Monaten dazu gewinnen? Diese klaren und spezifischen Ziele sollten Handlungen deinerseits auslösen. Das Universum kann dich nur dann unterstützen, wenn du selbst erst weißt, was du möchtest.

Damit das Universum antwortet, solltest du deine Anfrage laut und klar stellen. Wenn du wirklich diese Xbox haben möchtest, visualisiere, wie du den Controller bedienst oder die Konsole in der Hand hältst. Deine Gedanken sind die stärksten Auslöser, um deine Realität zu schaffen. Sie finden auf einer anderen Ebene statt und bestimmen im Endeffekt deine materielle Welt.

Bist du Dankbar? Arbeite daran!

Solltest du wieder einmal darüber jammern, dass du in einer langen Schlange stehst oder dich darüber ärgern, wie unfair dein neuer Chef oder wie langweilig deine Arbeit ist, dann solltest du dies als Anreiz für eine schnell in Gedanken aufzustellende Liste nutzen, um Dinge aufzuzählen, für die du dankbar bist. Das können die kleinsten und unbedeutendsten Dinge sein, die wir jedoch als selbstverständlich ansehen, wie z.B. unser

Sehvermögen, unsere Fantasie, unser Zuhause, Nahrungsmittel oder geliebte Menschen. Sieh dich einfach um und du wirst feststellen, dass es sehr vieles gibt, für das du dankbar sein kannst. Fange doch gleich damit an und erstelle eine Liste mit hundert Dingen, für die du in deinem Leben wirklich dankbar bist. Denke genau darüber nach und notiere selbst die kleinsten und vermeintlich unbedeutendsten Dinge.

Du kannst beispielsweise für eine unerwartete Nachricht eines alten Freundes oder eines freundlichen neuen Kunden dankbar sein. Oder du bist dankbar für den Zugang zu inspirierenden Videos oder Büchern bis hin zu den lustigen Äußerungen deines Nachwuchses. Du könntest dich für die humorvolle Art deines besten Freundes erkenntlich zeigen und auch dafür, wie er dich mit seiner lustigen Art aufpäppelt, wenn es dir schlecht geht. Oder du bist beispielsweise dankbar für eine neu erlernte Fertigkeit, für deinen örtlichen Lieblingspark oder eine angesagte Bar, in der du und deine Freunde gerne Zeit verbringen.

Dankbarkeit hilft uns, positive Schwingungen auszusenden und die positiven Aspekte unserer Umgebung herauszufiltern. Dieser Filter der Positivität zeigt uns, wie wundervoll dieser Planet ist und lässt unseren Verstand diese Welt der unermesslichen Möglichkeiten erkunden. Wenn du wirklich Lebensglück und das Leben deiner

Träume suchst, dann höre damit auf, wertvolle Energie an Dinge zu verschwenden, vor denen du Angst hast oder die du nicht möchtest und sei dankbar für deine Fähigkeiten und Vorzüge. Wenn du dich aufrichtig erkenntlich für etwas zeigst, so wird dies immer weitere Gelegenheiten schaffen, die dir dabei helfen werden, Positives in dein Leben heranzuziehen.

Deine Liste sollte mit der Phrase „Ich bin dankbar für" beginnen und wirklich ausnahmslos alles aufzählen, für das du dankbar bist. Also beispielsweise sogar die Dankbarkeit dafür, dass du am Leben bist. Oder Dankbarkeit für die Dankbarkeit an sich. Dankbarkeit wird das Universum dazu bringen, deine Träume und Hoffnungen schneller wahr werden zu lassen.

Ich kann dir nur ans Herz legen, diese Übung wirklich zu machen. Lesen alleine ist schön, aber die wirklichen Ergebnisse bekommst du vom Handeln. Erwarte nicht, dass du durch das Lesen alleine ultimativ positiv und pankbar wirst. Das kann dich in die richtige Richtung ausrichten, aber wirklich Fahrt nimmst du nur durch die Umsetzung auf.

Ich möchte an dieser Stelle noch einmal an das Kapitel zu Beginn des Buches verweisen, wo ich geschrieben habe, wie wichtig die Umsetzung der Übungen ist. Es wird dein Gehirn trainieren,

Emotionen von Innen heraus zu produzieren und in deinen positiven Gedanken zentrieren. NUTZE DIESE CHANCE! Ich möchte, dass du mit diesem Buch wirklich Ergebnisse erzielst, doch die besten Ergebnisse wirst du nur durch die Umsetzung der Tipps bekommen. Mache also wirklich diese Liste und vergleiche deinen Vorher- und Nachherzustand. Du wirst erstaunt sein, wie stark die Wirkung einer so kleinen Übung sein kann. Wirklich gute Übungen müssen nicht immer komlpliziert sein, doch wir müssen sie wirklich machen, um gute Ergebnisse zu erzielen. Also los!

Visualisiere deine Träume

Ein Hauptaspekt des Gesetzes der Anziehung ist, dass du deine gewünschte Zukunft bereits vor deinem geistigen Auge stattfinden lässt. Im Allgemeinen sind Vorstellungskraft und Visualisierung Konzepte mit großem Potenzial, doch sie müssen richtig angewendet werden, damit Visualisierung nicht nur Wunschdenken bleibt. Dazu werde ich später noch etwas mehr schreiben.

Die Technik der Visualisierung nutzt man nicht nur einfach dafür, um sich danach etwas wohler zu fühlen. Nein, diese Methode basiert auf strengen wissenschaftlichen Prinzipien. Kannst du es nicht erwarten, einen bestimmten Ort zu besuchen? Hast du vor, bis Ende des Jahres eine ernsthafte Beziehung zu beginnen? Beginne noch heute mit der Visualisierung, indem du entweder virtuell oder real ein Visionboard (auch Zielcollage oder Traumcollage genannt) erstellst. Pinterest ist beispielsweise eine tolle Homepage, mit der du eindrucksvolle Bilder zusammenstellen kannst und die dir hilft, dein Ziel klar zu definieren.

Wenn du deine Ziele auf bildliche Weise darstellst, so werden diese Bilder fest in deinem Unterbewusstsein verankert. Dein Unterbewusstsein kann nicht zwischen der erhofften Realität und der eigentlichen Realität unterscheiden. Es kann nur davon ausgehen, dass sein Input real ist. Wenn also die inspirierenden Bildern deiner Ziele in deinen Verstand eingebrannt werden, so wird dieser glauben, es handele sich dabei um die Realität. Wenn du dich von bestimmten Bilder besonders inspiriert fühlst, dann solltest du diese schnell zu deinem Vision Board hinzufügen. Diese Bilder werden dich motivieren, antreiben und inspirieren.

Bilder aktivieren unsere innersten Wünsche. Sie helfen uns, unsere Ziele zu definieren und lösen eine Handlung aus. Füge immer mehr Bilder deinem Vision Board hinzu. Diese Bilder erinnern dein Unterbewusstsein an das, was in deinem Leben wirklich wichtig ist und lösen einen Tatendrang aus. Die von dir gesammelten Bilder können dir stets als Antrieb dienen, um mit Leidenschaft und Energie deine Ziele zu erreichen.

Du könntest dir auch eine Auszeit von deinem Arbeitsalltag nehmen und die Zeit zur Visualisierung deiner Träume nutzen. Setze dich dafür an einen ruhigen Ort, an dem keine Ablenkungen zu erwarten sind. Schließe deine Augen und versuche dich von der Welt abzukapseln. Beginne langsam, dir das Leben deiner Träume vorzustellen. Suchst du eine neue Wohnung? Wie sieht der Ort aus, an dem du leben möchtest? Wie sehen Fenster und Türen aus? Welche Farben haben die Möbel und die Bezüge? Welche Farbe haben die Wände? Wie sieht der Eingang aus? Halte deine Visualisierungen so detailliert wie möglich. Verhalte dich so, als ob du schon in deiner neuen Wohnung wohntest oder als ob deine Wünsche bereits erfüllt wären. Wenn du dich so gibst, als wären deine Wünsche zumindest schon teilweise erfüllt, so wird sich dein Verhalten entsprechend anpassen, um schließlich deine gewünschte Realität zu erschaffen.

An dieser stelle möchte ich gleich ein wenig in das Thema Visualisierung konkreter Ziele eintauchen. Gerade wenn du schon konkrete Ziele hast, ist Visualisierung ein sehr mächtiges Tool. Doch wird oft nicht viel Unterschied zwischen richtiger Zielvisualisierung und einfachen Wunschdenken gemacht. Kurzum:

viele Menschen holen bei weitem nicht das Potential aus der Visualisierung heraus, das sie eigentlich herausholen könnten – einfach weil sie nicht die richtige Technik kennen. Der beste Weg, den ich kenne, ist ein 3 Schritte Weg:

1.Visualisiere dein Ziel: In dieser Visualisierung hast du bereits alles erreicht. Zeine Ziele sind verwirklicht. Du sitzt im neuen Auto, mit deinem Traumpartner an deiner Seite. Du hast den neuen Job. Usw. Das ist die klassische und viel praktizierte Form der Visualisierung.

2. Visualisiere, wie du an deinem Ziel arbeitest und Hindernisse überwindest: Dies ist ein sehr wichtiger Schlüssel, der bei vielen Menschen fehlt. Viele Visualisieren sich mit dem Cocktail am Strand, aber vergessen, was sie dafür tun müssen. Das ganze führt dann dazu, dass die Arbeit, die eigentlich getan werden müssten, im Widerspruch zur Visualisierung steht (weil man ja am Strand chillt). Somit hat man weniger Lust Dinge umzusetzen und die Visualisierung von Schritt 1 wird weniger wirkungsvoll sein. Visualisiere also auch, dass du an deinem Ziel arbeitest und dabei Schwierigkeiten überwindest. Hindernisse wird es immer geben und es ist wichtig, sich mental bereits zu rüsten. Wenn Hindernisse dann wirklich auftreten, weißt du bereits was zu tun ist – nämlich diese zu überwinden.

3. Visualisiere wie du mit Freude und Gelassenheit schnell voran schreitest: Du hast nun dein Ziel vor Augen und wie du Hindernisse überwindest. Das sind nun 2 Komponenten: harte Arbeit an deinem Ziel und die Belohnung dafür. Somit fehlt noch ein wichtiger Schlüssel zum Glück: den Prozess zu genießen. Dies machst du indem du dir vorstellst, wie du mit Freude und Energie die Dinge angehst und umsetzt. Wenn du dann wirklich dein Projekt angehst, wird dein Gehirn nun mit 100%iger Sicherheit wissen was zu tun ist und wie es sich dabei zu fühlen hat.

Dieser 3 Schritteplan wirkt so viel stärker als reine Zielvisualierung, dass ich es kaum in Worte fassen kann. Ich habe schon sehr lange Zeit mit Visualisierung experimentiert, aber niemals diese DURCHSCHLAGENDE WIRKUNG erreicht, wie mit diesen 3 Schritten. Als ich angefangen habe auch den Prozess zu visualisieren, wurde ich produktiver, mental stabiler bei Schwierigkeiten und ich habe mit mehr Freude gearbeitet und meine Ziele umgesetzt. Ich lege dir an dieser Stelle wirklich ans Herz diesen Prozess der 3 Schritte zu testen, wenn du mit Visualiesierungen arbeiten willst. Ich kann dir versprechen, dass dieser Tipp GOLD wert ist und deine Ergebnisse sich enorm steigern werden.

Warum auch immer, habe ich diesen 3 Schritte Ansatz in keinem Buch über Visualisierung gefunden. Ich musste dazu erst einen Videokurs mit einem Preis von $2.000,- kaufen um auf diesen goldenen Tipp zu stoßen. Doch alleine die Wirkung von diesem Tipp hat den hohen Preis des Kurses für mich schon gerechtfertigt. Heute hast du Glück, dass du diesen Tipp in diesem Buch findest, denn er ist wirklich Gold wert. Ich schreibe das übringens nicht, weil ich angeben möchte. Das liegt mir fern. Ich möchte dich schlichtweg dazu bewegen, diesen Prozess zu probieren.

Glaube daran, dass du dein Begehr bereits in deinen Händen hältst

Das Fühlen und Verinnerlichen ist ein wichtiger Vorgang im Zusammenhang mit der Nutzung des Gesetzes der Anziehung, aber auch für die Ausrichtung deines Gehirns. Du solltest dich so verhalten, als ob du bereits erhalten hättest, was du begehrst. Das bedeutet, du solltest so denken, so sprechen und dich so benehmen, als ob deine Wünsche bereits erfüllt wären. Auf diese Weise gibst du deinem Gehirn quasi eine neue Identität. Wenn du dich so verhältst, als wären deine Wünsche bereits erfüllt, dann handelst du nicht aus einer bedürftigen Position. Wenn du ein starkes Bedürfnis oder einen Bedarf für etwas signalisierst, so wirst du nur dessen Abwesenheit in deinem Leben forcieren. Wenn du dich dagegen so verhältst, als seien deine Wünsche bereits erfüllt, werden diese schließlich schneller als du denkst auch tatsächlich erfüllt werden.

Ein weiterer Aspekt ist, dass es dein Denken beeinflusst. Wenn du praktisch in dieser neuen Realität „lebst" sendet das starke Signale an deinen Denkapparat. Erinnere dich: das Denken, Fühlen und Handeln befinden sich in einem geschlossenen Kreis.

Es war einmal ein kleiner Junge, der in einem unterprivilegierten und sozial benachteiligten Milieu aufwuchs. Er lebte mit seiner Familie in einem Wohnwagen auf dem Grundstück eines Verwandten. Besagter Junge übte die verschiedensten Tätigkeiten aus, um seine Familie nach dem Tode seines Vaters zu unterstützen. Als er sich später als Alleinunterhalter versuchte, wurde er meist übel verspottet. Ungeachtet dieses Misserfolgs zog er nach Hollywood, aber auch dort blieb er leider erfolglos. Irgendwann fuhr dieser mittlerweile verarmte und deprimierte junge Mann auf einen Berg nahe Los Angeles und blickte aus seinen abgenutzten Toyota. Er hatte das Bedürfnis, sich besser zu fühlen und stellte spaßeshalber einen Scheck von über 10 Millionen US-Dollar an sich selbst aus. Der Scheck war um ein Jahrzehnt vordatiert und als Bezahlung für "Künstlerische Dienstleistungen" vorgesehen. Sodann steckte er den Scheck in seinen Geldbeutel.

Dieser Scheck verblieb stets in seinem Geldbeutel – selbst als erwähnter junger Mann eines Tages zur Berühmtheit wurde. Er verdiente Millionen für das Schaffen von Filmen wie „Dumm und Dümmer", „Ace Ventura: Pet Detective" und vielen weiteren Filmen. Dies war, kurz zusammengefasst, das Leben von Jim Carrey. Der berühmte Scheck von über 10 Millionen US-Dollar wurde so schließlich zum Gesprächsthema auf nahezu allen Seminaren zum Thema „Inspiration".

Wünsche deinen Mitmenschen stets das Beste

Alles fällt auf einen zurück. Wenn du dir ein tolles Leben voller Erfolg und Fülle wünschst, wird dieses dir jedoch verwehrt bleiben, wenn du anderen Menschen Schlechtes wünschst. Das Gesetz der Anziehung hat keinen Platz für Negativität. Und dein Gehirn auch nicht. Du wirst nur mehr erhalten, wenn du auch bereit bist, etwas zu geben. Wenn du dir wünschst, dass sich deine Gesundheit, deine Fähigkeiten und dein Ruf verbessern, so beginne damit zu geben. Deinen Mitmenschen Gutes zu wünschen ist ein toller Weg, um positive Energie und unvergessliche Erlebnisse in dein Leben zu ziehen.

Wenn du anderen Schlechtes wünschst, wirst du auch Schlechtes anziehen. Sei dankbar für alles, was dir mitgegeben wurde und hilf jenen, die nicht so privilegiert sind wie du. So wirst du das Glück in dein Leben heranziehen.

Eine der besten Wege, um dich zufrieden, positiv und inspiriert zu fühlen, ist es, andere zum Lächeln zu bringen. Setze dir das Ziel, jeden Tag eine Person zum Lächeln zu bringen. Denke an das Glück eines Mitmenschen oder erfreue jemanden mit etwas Unerwartetem. Unsere Haltung, Worte und Äußerungen können einen großen Einfluss auf das Leben unserer Mitmenschen haben. Einer der besten Wege, um mehr Positivität zu schaffen ist es, etwas Bedeutsames für die Gesellschaft zu tun. Dies gibt nicht nur deinen Mitmenschen ein tolles und erhebendes Gefühl, sondern macht auch dich selbst zu einem besseren Menschen. Nutze deine Zeit, deine Talente oder dein Geld, um einen Beitrag für die Gesellschaft oder zumindest für einen Mitmenschen zu leisten. Anderen Menschen Wertschätzung entgegenzubringen erlaubt dir nicht nur über deine eigenen Probleme hinwegzusehen, sondern sie auch aus einer gänzlich anderen Perspektive zu sehen. Und bedenke: jede Reise beginnt mit dem ersten Schritt. Wenn du also das nächste Mal einkaufen gehst, schenke an der Kasse dein Lächeln und ein paar nette Worte her.

Sei inspiriert

Du wirst dich wahrscheinlich nicht immer inspiriert und positiv fühlen. Allgemein gilt jedoch, dass positive Gefühle das Potential haben, eine positive Realität zu schaffen. Versuche dich so häufig wie möglich auf das Positive zu konzentrieren, auch wenn es dir manchmal schwer fällt. Höre deine Lieblingsmusik. Male ein schönes Bild. Besuche den Stadtpark und setze dich an den See. Oder schreibe ein Gedicht. Spiele mit deinem niedlichen Haustier. Gehe wandern. Unternimm einfach irgendetwas, das dich wirklich glücklich macht und investiere all deine Energie darin. Dadurch wird deine Einstellung auf wunderbare Weise verändert. Deine negativen Gedanken werden sich in positive wandeln und du wirst dich optimistischer fühlen.

Möglichweise motiviert dich der Gedanke, dass auch Berühmtheiten wie Lady Gaga, Jim Carrey, Will Smith und Oprah Winfrey diese Techniken erfolgreich genutzt haben, um ihre Ziele zu erreichen.

Übe dich – unabhängig von der Dauer des Manifestationsprozesses – so häufig wie möglich im positiven Denken. Sei davon überzeugt, dass dir alles zusteht, was du dir wünschst. Deine Träume werden ohne Zweifel zur Realität. Spüre Liebe und Dankbarkeit und beginne damit, Gutes zu tun, um noch mehr Gutes heranzuziehen. Öffne dein Herz, tue Gutes und so wird dir das Universum auch Gutes zukommen lassen. Vergiss niemals: deine Wünsche sind Befehle des Lebens an dich. Du hast sie, um sie wahr zu machen.

Gönne dir auch ein wenig Amüsement. Menschen, die öfter Mal die Sau rauslassen, geht es oft besser, da sie wissen, wie man der Monotonie und Plackerei einen Gegenpol setzt. Während du dich amüsierst, kannst du deine eventuell schwierigen Umstände und deine Arbeit vergessen. Finde heraus, woran du Spaß hast und gehe regelmäßig deinen Vergnügungen nach. So wirst du dich glücklich, gesund und positiv fühlen. Und nimm dir vor, mehr zu lachen. Triff Leute, die dich zum Lachen bringen. Schau dir eine Komödie an oder besuche einen Comedy Club. Wenn du dich amüsierst, wirst du es wirklich schwer haben, missgelaunt zu sein.

Verhalte dich wie ein Kind und glaube an unbegrenzte Möglichkeiten

Hast du schon einmal kleine Kinder beobachtet? Kinder können sich nicht vorstellen, dass irgendetwas unmöglich ist. Sie sind davon überzeugt, Batman oder Superman sein zu können. Ich habe zwei kleine Kinder. Ich spreche also hier aus Erfahrung. Wenn du das anscheinend Unmögliche erreichen willst, dann solltest du dich mit deinem inneren Kind verbinden. Unterscheide nicht zwischen „möglich" und „unmöglich". Befreie dich von den Ketten, die dir die Gesellschaft angelegt hat. Befreie dich von allem, was dich zurückhält, das Leben deiner Träume zu führen.

Selbst wenn du glaubst, es sei unmöglich, das Auto deiner Träume heute zu erwerben, dann mache einfach eine Testfahrt. Dies wird den Manifestations-Zyklus auf eindrückliche Weise auslösen. Die Eckpfeiler des Gesetzes der Anziehung bestehen aus Fühlen, Internalisieren und Glauben. Wenn du mit deinem Instinkt in Verbindung stehst und daran glaubst, dass sich all deine Wünsche verwirklichen lassen, dann ist es wahrscheinlicher, dass dies auch der Fall sein wird. Daher ist es in Ordnung, auch an Feen und Einhörner zu glauben!

J.K. Rowling war eine selbsternannte Versagerin, als sie mit dem Schreiben anfing. Sie war davon überzeugt, die größte Versagerin überhaupt zu sein. Zu dem Zeitpunkt, als sie begann, ihren ersten Harry Potter Roman zu schreiben, war sie alleinerziehende Mutter, erhielt Sozialleistungen und musste zusätzlich noch mit dem Tod ihrer Mutter zurechtkommen. In dieser Zeit wurde sie depressiv und es gelang ihr nur relativ wenig. Allerdings schuf sie die ersten drei Kapitel ihres Buches und stellte diese verschiedenen Verlagen vor. Sie wurde stets abgewiesen, bis eines Tages die 8-jährige Tochter des Redakteurs von Bloomsbury die Kapitel geradezu verschlang und schließlich unbedingt den Rest des Buches lesen wollte. So entschied sich der Verlag, den ersten Harry Potter

Roman zu veröffentlichen – und der Rest ist Geschichte. Das Buch wurde in 73 Sprachen übersetzt und millionenfach verkauft. Mehr als 20 Milliarden US-Dollar wurden allein durch Verfilmungen und Werbeeinnahmen erwirtschaftet. Nicht schlecht für eine alleinerziehende Mutter, die von Transferleistungen lebt und ihre Manuskripte in einem Café schrieb, um nicht zu Hause zu frieren.

J.K. Rowling gab selbst in den hoffnungslosesten Phasen ihres Lebens niemals auf und machte sich ihre Kreativität und Vorstellungskraft zunutze. Ihre Leidenschaft für das Lesen, Schreiben und das Schaffen faszinierender Charaktere und Geschichten versiegte nie – trotz der schwierigen Umstände, die sie durchleben musste. Die berühmte Autorin war stets im Kontakt mit ihrem inneren Kind und ließ sich nicht von den vielen Herausforderungen einschüchtern. Sie nutzte die Kraft der Geschichten und der Fantasie, um jungen Lesern Hoffnung zu schenken. Durch die Nutzung ihres Talents und ihres Durchhaltevermögens konnte sie ein Leben der Tristesse und des Versagens hinter sich lassen. Auch du kannst Wunder vollbringen, wenn du Kontakt mit deinem inneren Kind aufnimmst und positiv bleibst!

Beschreibe dein Leben auf positive Art und Weise

Sollte dich jemand einmal darum bitten, dein Leben zu

beschreiben, dann achte bitte vorsichtig auf deine Wortwahl. Worte haben eine größere Macht, als du es dir vorstellen kannst. Dein Unterbewusstsein stellt sich stets auf dein gesprochenes Wort ein. Wenn du sagst, dein Leben sei langweilig oder chaotisch, dann wirst du dich auch genauso fühlen. Und dies wird sich schon bald innerlich und äußerlich bemerkbar machen. Wenn du stattdessen lebhafte, inspirierende und enthusiastische Worte wählst, um dein Leben zu beschreiben, so wirst du dich auch positiver und energiegeladener fühlen. Du wirst dazu neigen, alles in einem helleren Licht zu sehen und in allem, was du tust eine größere Erfüllung finden. Forschungsergebnisse konnten zeigen, dass eine positive Einstellung nicht nur unsere allgemeine Zufriedenheit beeinflusst, sondern auch direkt mit unseren Verdienstmöglichkeiten zusammenhängt. Interessant, nicht?

Betrachte Herausforderungen aus einer anderen Perspektive

Im Leben gibt es keine Sackgassen. Es gibt nur Umleitungen. So sehr du dich auch bemühst, du kannst nicht alles kontrollieren. Lasse dich nicht von Dingen entmutigen, die außerhalb deiner Kontrolle liegen. Es gibt einfach einige Dinge, über die du keine Macht hast. Allerdings kannst du deine Reaktion auf die Umstände steuern. Höre auf, etwas zu bedauern, dich schuldig oder gar dich minderwertig zu fühlen. Stattdessen solltest du mit Freude

Herausforderungen annehmen, aufregende Abenteuer erleben, deine Komfortzone verlassen und aufhören, dich gegen Veränderungen zu wehren, die dich wachsen lassen werden. Oder um es mit den Worten des bekannten Autors Robert Kiyosaki zu sagen: „manchmal gewinnt man, manchmal lernt man".

Du solltest Probleme nicht ignorieren oder so tun, als existierten sie nicht. Stattdessen solltest du eine konstruktive und lösungsorientiere Denkart nutzen. Wenn du über Probleme sprichst, dann solltest du auch gleichzeitig Lösungen vorschlagen. Wir neigen oft dazu, stets die Probleme zu betrachten, ohne uns die Mühe zu machen, über Lösungen nachzudenken. Wie gesagt, wenn du dich nur auf eine Herausforderung konzentrierst, wirst du noch weitere Herausforderungen heranziehen. Wenn du dagegen auf Möglichkeiten und Gelegenheiten achtest, so wirst du auch empfänglich für weitere Gelegenheiten.

Besuche einen ruhigen Ort

Die Freizeit draußen in der Natur zu verbringen ist einer der besten Wege, um seine Laune zu verbessern und den inneren Idioten etwas leiser zu drehen. Unternimm regelmäßige Ausflüge ins Grüne, um die Schönheit der Natur zu genießen. Lege Pausen bei der Arbeit ein und atme tief durch. Wenn dein Arbeitgeber einen Außenbereich mit einem Garten oder Bänken bietet, so kannst du möglicherweise dort eine Pause machen, die Natur genießen und dich vitalisieren. Unternimm doch einmal bei schönem Wetter einen Ausflug an einen inspirierenden und angenehmen Ort. Du wirst dich anschließend deutlich besser und erholter fühlen.

Wenn du jetzt übrigens diesen Tipp mit den Worten: „Naja, das weiß ich eh" abtust, dann habe ich eine Frage an dich: Machst du das auch regelmäßig?

Wenn ja, dann Gratulation. Wenn nicht, dann setze das wirklich um. Wir sind nicht dafür gemacht, den ganzen Tag drinnen am Schreibtisch zu sitzen. Unsere Körper sind für Bewegung, frische Luft und Licht gemacht. Nur wenn wir ihm diese Dinge auch geben, kann er den richtigen Chemiecoktail im Gehirn ausschütten, damit wir wirklich glücklich werden. Bei diesen Dingen dürfen wir die Biochemie im Körper niemals vergessen. Mach solche Dinge also wirklich regelmäßig – wir sind dafür gebaut!

Entdecke deine Kreativität

Lasse deiner Kreativität freien Lauf, denn so wirst du zufriedener und positiver. Entdecke dein kreatives Potenzial und erfahre dadurch ein Gefühl der Erfüllung. Nutze beispielsweise deine Hände, um etwas Künstlerisches und Ästhetisches zu erschaffen. Selbst wenn du glaubst, dass du künstlerisch nicht sonderlich begabt bist, gibt es dennoch Unmengen an Möglichkeiten, um kreativ zu werden. Vielleicht wäre ein Kurs für die Herstellung von Collagen etwas für dich? Oder vielleicht interessierst du dich für das Stricken, die Holzbearbeitung oder das Töpfern? Du könntest auch versuchen, eine Kurzgeschichte oder ein Gedicht zu schreiben. Wie wären Rollenspiele oder die Schauspielerei in einem Volkstheater? Ich betreibe zum Beispiel mit Leidenschaft meinen kleinen Garten. Obwohl ich keinen besonders grünen Daumen habe, liebe ich diese Arbeit enorm. Und auch, wenn der Spinat nichts wird und nur Brennesseln wachsen ist das egal. Dann gibt es eben einen leckeren Wildkräutersmoothie. Wenn du deine inneren Reserven anzapfst, wirst du dich fröhlicher und spontaner fühlen – und in der Konsequenz wirst du schließlich auch positiver denken.

Positives Denken und das Führen eines Tagebuches

Wenn Lebensberater und Motivationstrainer auf nur einen Hinweis pochen, dann handelt es sich bei diesem um das Niederschreiben deiner Ziele. Das Führen eines Tagebuches ist eine weitere effiziente Methode, um deiner Praxis des positiven Denkens einen Schub zu verleihen und um deine Ziele zu erreichen. Deine Tagebucheinträge ermöglichen dir, deine Gedanken zu reflektieren und helfen dir, deine Ziele im Auge zu behalten. Durch die Tagebucheinträge wird dein Unterbewusstsein deine Ziele verinnerlichen. Wie bereits oben erwähnt, kann dein Unterbewusstsein nicht zwischen einer Vorstellung und der Realität unterscheiden. Dein Unterbewusstsein geht davon aus, dass es ausschließlich mit der Realität konfrontiert wird.

Wenn du dir angewöhnst, deine Ziele und Wünsche niederzuschreiben, dann wird dein Verstand davon ausgehen, dass diese wahr sind und entsprechende Handlungen auslösen. Du könntest beispielsweise ein Tagebuch der Dankbarkeit oder gar ein Tagebuch der Selbstbestätigung führen. Das Niederschreiben unterstützt dein Unterbewusstsein dabei, deine innersten Gefühle zutage treten zu lassen. Manchmal wirst du sogar überrascht über die Einfälle sein, die dir kommen, wenn du dich im mentalen Flow-Zustand befindest. Unsere unterbewussten Gedanken sind unserem bewussten Verstand oftmals nicht zugänglich. Wenn du dich beim Niederschreiben im mentalen Flow befindest, dann stehst du in Verbindung mit deinem Unterbewusstsein. Dies ermöglicht deinem Unterbewusstsein in der Konsequenz, deutliche Signale zu senden und zu empfangen. Es folgen nun einige Hinweise und Ideen, die dir helfen sollen, dein Tagebuch auf effektive Weise zu führen.

Führe ein Tagebuch

Notiere dir täglich zehn Dinge, die im Laufe des Tages geschehen sind und für die du dankbar bist. Das kann alles Mögliche sein, wie beispielsweise einem alten Bekannten begegnet zu sein oder die Dankbarkeit für dein Augenlicht, durch das du einen schönen Film ansehen konntest. Lasse dir jeden Tag etwas einfallen, für das du dankbar bist. Wenn du das Offensichtliche aussparst und selbst auf die unbedeutendsten Dinge achtest, dann wirst du feststellen, von wie viel Positivem du umgeben bist. So bleibst du optimistisch, zufrieden und ziehst noch mehr Gutes in dein Leben. Mache deine Einträge kurz vor dem zu Bett gehen. So konditionierst du dein Unterbewusstsein auf vorteilhafte Weise, denn es ist bekannt, dass man Informationen während des Schlafes verinnerlicht. Zusammenfassend lässt sich also feststellen, dass du selbst für die unbedeutendsten Dinge dankbar sein solltest, denn so wirst du noch mehr Positivität in dein Leben heranziehen.

Aber: Sei konsequent

Mache es dir zur Angewohnheit, regelmäßig in dein Tagebuch zu schreiben – am besten jeden Tag und zur gleichen Zeit. Du solltest das Führen des Tagesbuches mit anderen Tätigkeiten verbinden, wie beispielsweise mit einer U-Bahn-Fahrt oder kurz vor dem Schlafengehen nach einem abendlichen Besuch deines Fitness-Studios. Auf diese Weise wird das Führen deines Tagebuches Teil deines Tagesablaufs und schließlich zu einer sehr hilfreichen Gewohnheit. Kleine positive Gewohnheiten können wir leichter in unser Leben integrieren, wenn wir sie mit anderen Gewohnheiten verbinden, die wir sowieso schon haben und bei denen es noch „Luft" für eine weitere Handlung gibt. So kannst du zum Beispiel beim Zähneputzen visualisieren oder auch dich in Dankbarkeit üben. So hat die neue Gewohnheit gleich einen fixen Platz in deinem Alltag und es fällt leichter, am Ball zu bleiben.

Gestalte dein Tagebuch auf individuelle Art

Es ist wichtig, dass du dein Tagebuch auf individuelle Art gestaltest. Es sollte deine Einzigartigkeit widerspiegeln. Wenn dir das Verfassen von Gedichten Erfüllung bringt, dann solltest du diese deinem Tagebuch unbedingt hinzufügen. Weiterhin könntest du beispielsweise motivierende Zitate, Comicstrips und Bilder eintragen, die dein Leben oder deine Ziele darstellen. Der Sinn der Sache ist, dass du deine Ziele nicht vergisst. Nutze, was immer dein Tun bestätigt und dich zum Handeln treibt. Deine Persönlichkeit sollte vollkommen durch dein Tagebuch repräsentiert werden. Füge motivierende Kurzgeschichten oder Bilder von inspirierenden Persönlichkeiten hinzu. Damit das Ganze eine persönliche Note erhält, solltest du per Hand in dein Tagebuch schreiben, statt nur eine Datei auf deinem PC abzuspeichern.

Weiterhin könntest du dein Tagebuch mit Bildern, Mantras und kraftvollen Affirmationen schmücken. Im Allgemeinen müssen Tagebücher nicht langweilig oder ernsthaft sein. Indem du inspirierendes mit lustigem verbindest, kannst du dein Tagebuch zum Leben erwecken. Du kannst dir auch Meilensteine für besondere Jubiläen oder wichtige Lebensereignisse setzen. Wenn du also deinem Tagebuch eine individuelle Note gibst, wirst du dich eher mit ihm verbunden fühlen.

Manche Menschen schreiben gerne tiefgründige und bedeutsame Songtexte in ihr Tagebuch. Andere wählen Auszüge ihrer

Lieblingsbücher oder kleben Zeitungsartikel ein. Man könnte spaßeshalber auch irgendwelche Gegenstände einfügen, die an schöne und spaßige Erlebnisse erinnern, wie zum Beispiel Flugzeugticks, Fotos oder Bilder aus dem letzten Kinofilm. Tagebücher sind als stoffliche, materielle Manifestation deiner persönlichsten Gedanken anzusehen und daher solltest du dein Tagebuch auch so persönlich wie möglich gestalten.

Ich benutze Tagebücher nicht, um meine Erinnerungen festzuhalten, sondern eher strategisch. Ich habe ein Journal für Dinge, für die ich dankbar bin und eines für meine Ziele. Zusätzlich habe ich mir eine Art Erkenntnisjournal aufgebaut. Hier halte ich wichtige Erkenntnisse und Leitfragen für mich fest. Mein Dankbarkeits- und Zieljournal führe ich regelmäßig und mein Erkenntnisjournal eher nach Bedarf.

Vergiss den Literaturnobelpreis

Sei beim Verfassen deiner Journaleinträge nicht allzu perfektionistisch. Es ist unnötig, besonders blumige Prosa oder tiefgründige Einsichten zu verfassen. Schreibe von Herzen, statt dich auf eventuell vorkommende Schreibfehler zu konzentrieren. Achte weniger auf die Form, Grammatik und den Satzbau und versuche deine Einträge eher individuell zu gestalten. Deine Einträge brauchen keinen professionellen Eindruck zu machen oder gar perfekt sein. Du führst ein Tagebuch oder Journal, um deine persönlichsten Gedanken, Wünsche und Ziele niederzuschreiben und nicht um anderen deine Sprachfertigkeiten zu beweisen! Wenn du anfängst, allzu protzig zu schreiben, schadest du dir nur selbst. Es ist unnötig, sich sprachlich allzu gewandt auszudrücken. Schreibe, wie du es auch normalerweise tun würdest und achte darauf, wie du dich fühlst, wenn du deine persönlichsten Gedanken niederschreibst.

Du brauchst also keine Doktorarbeit aus deinen Einträgen zu machen. Das Schreiben soll dir nur dabei helfen, bisher unzugängliche Bereiche deines Gehirns zu ergründen. Da du nicht für deinen Schreibstil benotet wirst, brauchst du auch nicht in die Rolle eines Lektors zu schlüpfen. Alles was du tun sollst, ist das Niederschreiben deiner Gedanken in einem für dich angenehmen Stil. Das Ziel ist nicht, einen beeindruckenden Text zu verfassen, sondern dich zum Nachdenken anzuregen. Ein Nachdenken, das durch deine Intuition geleitet wird und dir dabei hilft, jene Sphären deines Verstandes zu erforschen, die du normalerweise nicht anzapfen kannst.

Führe dein Tagebuch an einem festgelegten Ort

Nein, du brauchst dich nicht in einer abgelegenen Burg einschließen, um dort deine persönlichsten Gedanken niederzuschreiben. Es wäre für deine Introspektion jedoch sehr hilfreich, wenn du einen bestimmten Ort zum Schreiben deines Tagesbuchs festlegst. Dieser Ort kann beispielsweise dein Lieblingscafé oder ein Park oder dein Hinterhof sein. Im Grunde kann es jeder Ort sein, der dich inspiriert oder dir eine reflektierende und introspektive Geisteshaltung ermöglicht. Sorge dafür, dass dein gewählter Ort friedlich und frei von Ablenkung ist und eine positive Energie ausstrahlt. Der Ort, an dem du Tagebuch führst, sollte also eine inspirierende und ansprechende Atmosphäre bieten. Dies ermöglicht es dir, deine Gedanke aus den festgesetzten Bahnen zu holen und deinen Geist weiter schweifen zu lassen als sonst.

Lese deine früheren Tagebucheinträge

Das Führen eines Tagebuches beschränkt sich nicht nur auf das Niederschreiben. Nimm dir auch die Zeit, deine vergangenen Einträge zu lesen. Was hast du vor einigen Wochen oder gar Jahren geschrieben? Welche Ergebnisse haben dir eine klare Zielsetzung und deren konsequentes Niederschreiben geliefert? Hast du durch das Führen des Tagebuchs schon einige Ziele erreicht? Sind dir deine Hoffnungen, Ziele und Träume heute klarer als früher? Denke darüber nach, was genau du erreichen möchtest und wie weit du von deinem endgültigen Ziel entfernt bist. Lese deine früheren Tagebucheinträge, um über deinen bisherigen Weg zu reflektieren. So wirst du einschätzen können, wie weit du bisher gekommen bist und was du noch tun musst, um deine Ziele zu erreichen. Überdenke hin und wieder deine Ziele und priorisiere sie neu. Haben sich deine Ziele verändert oder haben sich sogar noch bedeutsamere Ziele entwickelt? Oder hast du sogar mehr erreicht, also du ursprünglich vor hattest?

Ich möchte an dieser Stelle ein Beispiel aus meinem Leben bringen. Ich habe vor Jahren regelmäßig eine Übung gemacht, wo man sich seinen perfekten Tag vor Augen halten soll. Zu dieser Zeit habe ich gerade studiert und kein äußerer Umstand hat in irgendeiner Weise dieses Leben widergespiegelt. So habe ich zum Beispiel regelmäßig geschrieben, dass ich jedes Jahr für ein paar Monate in einem Haus am Meer wohnen möchte. Da man diese Übung sehr genau machen sollte, habe ich auch das Haus sehr genau beschrieben. Es hat 2 Terrassen, eine schöne Auffahrt, einen großen Pool und rechts nebem dem Pool ist ein kleines Poolhaus.

Seit ich diese Zeilen schreibe, sind nun knapp 6 Jahre vergangen und heute bin ich mehr als verblüfft. Momentan wohne ich in einer Finca auf Mallorca mit Meerblick. Die Finca hat einen Pool und rechts neben dem Pool ist ein kleines Poolhaus. Dies könnte natürlich Zufall sein, doch an dieser Stelle glaube ich nicht an einen Zufall.

Ich möchte mit diesen Worten überigens nicht angeberisch wirken und auch keine „vom Tellerwäsche zum Millionär" Geschichte erzählen. Dies liegt mir fern, denn ich war nie Tellerwäscher (aber in den Ferien regelmäßig Kofferträger), noch bin ich Millionär oder ähnliches. Die Finca gehört mir auch nicht. Trotzdem konnten wir sie für etwas mehr als 2 Monate mieten und verbringen nun den Frühling darin. Jetzt, wo ich diese Zeilen schreibe, sehe ich gerade wunderschöne Oliven- und Pinienbäume. Dahinter liegt ruhig das Meer. Das Geniale daran ist, dass wir durch „Zufall" einen unglaublich günstigen Mietvertrag bekommen haben. Eine normale Wohnung zu Hause würde uns nicht mehr kosten.

Wie gesagt, könnte das alles Zufall sein, doch ich stelle immer mehr fest, dass ich mittleweile mehrere solcher „Zufälle" erleben durfte. Was mir an dieser Stelle noch wichtig ist, ist zu betonen, dass man längst nicht alle seine Ziele erreicht haben muss um positiv zu sein. Ich bin weder in finanziellen, beruflichen, körperlichen noch spirituellen Zielen bereits an meinen Wunschvorstellungen angelangt. Auch der Beitrag, den ich für die Welt leisten möchte, ist noch längst nicht so groß, wie ich mir das wünsche. Das hält mich aber nicht davon ab, allem zuversichtlich und positiv entgegenzublicken und jetzt glücklich zu sein. Die ultimative Herausforderung ist es schlussendlich immer, im gegenwärtigen Moment glücklich zu sein.

Schreibe deine Träume nieder

Träume sind als eine Art Abbild unseres Unterbewusstseins zu verstehen. Wiederkehrende Muster und Zeichen enthüllen unser Denken und unsere tieferliegenden Emotionen. Wenn du die im Unterbewusstsein eingeschlossenen Gefühle befreien willst, dann solltest du deine Träume niederschreiben. Das macht nicht nur Spaß, sondern es gewährt dir auch Einblicke in deine Seele und hilft dir dabei, dich selbst zu verstehen.

Dein Traumtagebuch sollte griffbereit liegen, so dass du direkt nach dem Erwachen deine Träume niederschreiben kannst, bevor du sie vergisst. Versuche, sich wiederholende Träume oder bestimmte Themen zu erkennen. Gibt es in deinen Träumen ein vorherrschendes oder oft vorkommendes Element wie Angst, Hoffnung, Versagen oder Unzulänglichkeit? Erkenne Schlüsselthemen und analysiere mit diesen deine Denkmuster. Nutze deine Notizen, um deine Träume zu interpretieren. Unsere Träume sind häufig eng mit dem echten Leben verknüpft. Deine Träume zu erkennen, zu identifizieren und zu interpretieren kann dir dabei helfen, auf bewusste Weise deine Denkmuster positiv zu beeinflussen. Gib deinen Träumen gehaltvolle Titel: Nichts allzu

Protziges, aber eine Bezeichnung, die dir dabei hilft, dich an die Träume zu erinnern.

Möglicherweise wirst du nicht sofort mit der Deutung deiner Träume anfangen können. Es ist dennoch wichtig, so viel wie möglich aufzuschreiben. Im ersten Schritt solltest du dich erst einmal daran gewöhnen, Dinge niederzuschreiben. Du kannst dich dann zu einem späteren Zeitpunkt mit der Interpretation deiner Notizen befassen. Es gibt beispielsweise auch einige Bücher, Websites und andere Quellen, die sich mit Traumdeutung befassen. Sobald du eine größere Kenntnis in der Traumdeutung erworben hast, wird es dir möglich sein, deine tieferliegenden Denkmuster zu erkennen und jene Emotionen und Gefühle zu identifizieren, die deinem Handeln zugrunde liegen.

Ich hatte zum Beispiel früher öfter den Traum, dass ich fliegen kann, aber nicht oder nur schwer an Höhe gewinnen kann. Wenn du dich mit dem Thama schon einmal befasst hast, wirst du den Hintergrund vielleicht schon deuten können. Es liegt eine unterbewusste Angst dahinter, dass man seine Ziele nicht erreicht und an Zuständen gefesselt bleibt, die einem nicht behagen. Es „zieht uns quasi zu Boden". Als ich das deuten konnte, befasste ich mich aktiv mit dieser unbewussten Angst und konnte sie schließlich durch logische Argumentation sehr schnell beseitigen.

Dieser Prozess dauerte gut 3 Wochen. Ich stellte mir die Frage, ob ich wirklich an die Umstände gefesselt bin, oder ob ich nicht selber ganz leicht diese Umstände ändern kann. Die Antwort ist klar, nur habe ich mir diese Frage vorher nicht bewusst gestellt. Nach 1 Woche regelmäßiger „Selbstbefragung" verschwand dieser Traum und er ist seither nie mehr gekommen. Ich schlafe seither besser und wache entspannter auf, daher bin ich auch tagsüber ausgeruhter und positiver gestimmt.

Wenn du also gewisse Muster in deinen Träumen erkennst, dann erkundige dich einmal, was das bedeuten könnte. Diese Deutungen müssen natürlich nicht immer stimmen, aber du merkst sehr schnell, ob die Deutung auf dich zutreffen könnte. Nimm deine Träume ernst. Dein Unterbewusstes kommunizert so mit dir. Sei dankbar dafür!

Kreative Visualisierung: Erfolg durch positives Denken

Die kreative Visualisierung ist eine wirkungsvolle Denktechnik, die die Vorteile der Fantasie und des positiven Denkens nutzt und dich beim Erreichen deiner Ziele unterstützen kann. Korrekt angewendet kann diese Methode dein Leben völlig verwandeln. Es wird dir möglich sein, mehr Erfolg, glücklichere Beziehungen und allgemein ein Leben der Fülle herbeizuführen. Die kreative Visualisierung kann dein Leben deutlich verbessern, indem sie dir die Fähigkeit verleiht, deine Umstände zu verändern und ein erfüllteres Leben zu führen. Im folgenden Abschnitt erfährst du alles Wichtige darüber, wie du mit Hilfe der kreativen Visualisierung dein Leben verwandeln kannst.

Im Wesentlichen handelt es sich bei der kreativen Visualisierung um eine kognitive Technik, mit deren Hilfe man bewusst geistige Bilder erzeugt. Ziel ist es, diese Bilder in eine klar erkennbare soziale, stoffliche oder psychologische Auswirkung umzuwandeln. Du modifizierst quasi deine persönlichsten Gedanken und Gefühle mit dem Ziel, deine (Tag) Träume wahr werden zu lassen.

Kreative Visualisierung hat gewisse Parallelen mit dem Tagträumen, ist aber fokussierter, bewusster und hat eine bestimmte Richtung. Ziel bei der Nutzung dieser Methode ist es, unsere Ziele durch deren Visualisierung zu erreichen. Obwohl es wie Zauberei erscheint, ist jedoch keine Magie am Werk. Es handelt sich lediglich um einen natürlichen Vorgang, der von wirkungsvollen geistigen Prinzipien gesteuert wird. Hast du dir nicht immer gewünscht, eine Art Aladins Wunderlampe zu besitzen und dass der Flaschengeist erscheint, um all deine Wünsche zu erfüllen? Nun, dieser Flaschengeist existiert wirklich – und zwar in deinem Gehirn. Wenn es dir gelingt, deine innere Quelle durch die kreative Visualisierung anzuzapfen, dann erweckst du deinen inneren Flaschengeist zum Leben, der dich beim Erfüllen deiner Träume unterstützen wird.

Es gibt Menschen, die diese Technik in ihrem Alltag so gekonnt anwenden, dass sie sich dessen nicht einmal mehr bewusst sind. Jeder erfolgreiche Mensch hat wissentlich oder unwissentlich die kreative Visualisierung benutzt, um seine großen Erfolge zu erzielen.

Wie funktionieren kreative Visualisierung und positives Denken?

Unser Unterbewusstsein besitzt die Fähigkeit, sich oftmals wiederholende Gedanken zu verarbeiten und zu akzeptieren. Wenn wir eine Änderung unserer Denkweise herbeiführen, dann wird sich auch unser Handeln ändern. Auf diese Weise werden wir nicht nur bisher unbekannte Menschen kennenlernen, sondern wir können auch neue Umstände und Chancen herbeiführen. Gedanken formen unser Leben, indem sie alles, worüber wir kontinuierlich nachdenken, in unser Leben ziehen.

Manchmal sind unsere unterbewussten und bewussten Gedanken derart stark, dass sie sogar von unseren Mitmenschen unterbewusst wahrgenommen werden. Infolgedessen helfen uns diese Menschen dabei, unsere innersten Wünsche zu erfüllen oder unsere Ziele zu erreichen. Wir alle sind Teile desselben Universums und daher haben unsere Gedanken eine gewisse Schaffenskraft. Wir erschaffen, wissend oder unwissend, an was wir denken (siehe auch Kapitel 3). Das bedeutet, dass schon bald deine Gedanken zur Realität werden können.

Du kannst dein ganzes Dasein verändern, indem du deine Gedanken oder Vorstellungen veränderst. Angenommen, du lebst in einer kleinen Wohnung und du hättest gerne ein größeres Zuhause. Anstatt zu klagen solltest du besser deine Art des Denkens ändern und versuchen dir vorzustellen, wie es sich anfühlt, in der Wohnung deiner Träume zu leben. Träumen ist wirklich nicht schwer. Unsere Gedanken bestehen aus Energie, insbesondere jene, die gezielt und bewusst sind. Sie sind mit kraftvoller emotionaler Energie aufgeladen. Unsere Gedanken können das uns umgebene Energiefeld unmittelbar verändern, was wiederum eine Verwandlung der Umgebung und Umstände bewirkt. Du kannst die Prinzipien der Visualisierung nahezu überall anwenden; also beispielsweise bei der Partnersuche, bei einem Bewerbungsgespräch, bis hin zum Abnehmen. Kreatives Visualisieren bietet dir eine Unmenge von Möglichkeiten, um im Leben erfolgreicher zu sein.

Es folgen nun einige Hinweise, die dir ein solides Grundwissen über das kreative Visualisieren vermitteln:

1. Werde dir darüber klar, was du eigentlich willst und definiere deine Ziele

2. Wenn du deine Ziele wirklich erreichen möchtest, dann solltest du anfangen zu meditieren und auf deine innere Stimme hören. Manchmal jagen wir vermeintlich wichtigen Zielen hinterher, nur um kurz darauf festzustellen, dass diese gar keine Bedeutung für uns hatten. Also höre auch auf deine innere Stimme, denn so wirst du Hinweise zu deiner wahren Bestimmung erhalten.

3. Praktiziere kreatives Visualisieren an einem ruhigen aber vitalen Ort. Stelle sicher, dass du beim Üben nicht gestört und abgelenkt wirst.

4. Entspanne deinen Körper und Geist.

5. Praktiziere verschiedene Atemübungen (entspanntes, tiefes atmen reicht da schon)

6. Beginne die Visualisierung mit einer klaren, deutlichen und lebhaften Vorstellung von deinen Zielen, aber habe dabei nur ein Ziel auf einmal im Sinn. Dieses Ziel solltest du konsequent über einen Zeitraum von mehreren Tage visualisieren bevor du ein neues Ziel ins Auge fasst. Wiederholung und eine konsequente Herangehensweise sind der Schlüssel zum Erfolg.

7. Nutze für deine Visualisierung alle fünf Sinne, also das Fühlen, Hören, Riechen, Sehen und Schmecken. Auf diese Weise wirst du eine wirkungsvollere Erfahrung machen.

8. Beziehe Gefühle wie Leidenschaft und Verlangen in deine mentalen Vorstellungen mit ein. Wenn du in deinem Traumhaus leben oder eine Beförderung vom Chef erhalten möchtest, dann solltest du so viel Leidenschaft und Verlangen wie möglich in deine Vorstellung miteinfließen lassen.

9. Übe dich mindestens zwei Mal täglich à 10-20 Minuten im kreativen Visualisieren. Mache weiter, auch wenn es dir scheint, als ob du deinen Zielen nicht näher kommst. Übe mit Hoffnung, Leidenschaft, Vertrauen und Beharrlichkeit, damit die Praxis noch effektiver wird. Indem du deine Gefühle miteinfließen lässt, wird

auch dein Unterbewusstsein darauf konditioniert, an das Erreichen deiner Ziele zu glauben.

10. Unterstütze deine Praxis der kreativen Visualisierung durch die Nutzung weiterer Techniken, wie einer optimistischen Wortwahl, Selbstbestätigung und dem Unterdrücken negativer Monologe. Ersetze negative Gedanken durch proaktives Handeln. Gehe mit offenen Augen durchs Leben, damit du neue Gelegenheiten für dich auftun kannst. Es ist wichtig, unvoreingenommen zu sein, um für Neues offen zu sein, Gelegenheiten zu erkennen und seine innere Stimme wahrzunehmen. Die kreative Visualisierung kann dich sehr weit bringen. Allerdings musst du bereit sein, voran zu schreiten und anfangen, etwas für deine Ziele zu tun. Wenn du passiv bleibst und darauf wartest, dass irgendetwas passiert, dann wirst du sehr lange warten müssen. Schreite zur Tat, wenn du eine Gelegenheit wahrnimmst und nimm was dir zusteht!

11. Jedes Mal, nachdem du das kreative Visualisieren praktizierst hast, solltest du klar und deutlich feststellen, dass all deine Wegbegleiter und Freunde in einer ausgewogenen und harmonischen Art und Weise beteiligt sind.

12. Nutze die kreative Visualisierung nur, um Gutes zu erschaffen. Du solltest niemals Böses damit im Schilde führen oder versuchen,

anderen etwas wegzunehmen. Versichere dich, dass das, was du visualisierst, auch gut für alle Beteiligten ist.

13. Du wirst deine Ziele nicht durch eine plötzliche Wendung des Schicksals erreichen. Das ist zwar nicht ganz ausgeschlossen, aber wahrscheinlicher ist, dass du deine Ziele eher langsam und schrittweise erreichst. Ein Ereignis wird dabei ein darauffolgendes Ereignis auslösen. Angenommen du visualisierst, einfach nur reich zu sein. Nun ist es leider unwahrscheinlich, dass du in der Lotterie gewinnst und plötzlich zum Millionär wirst. Stattdessen wird es eher dazu kommen, dass du den Job wechselst oder eine Geschäftsidee hast und auf diesem Wege erfolgreich wirst.

14. Es ist normal, dass sich deine Ziele über einen gewissen Zeitraum verändern. Beispielsweise könntest du feststellen, dass du nur deswegen eine ernsthafte Beziehung führen wolltest, weil das alle in deinem Freundeskreis auch so machen. Im Gegensatz zu ihnen bist du jedoch noch nicht bereit für eine feste Beziehung und möchtest lieber ohne irgendwelche Bindungen leben. Also sei auch bereit, Ziele anzupassen und sehe diese klar vor deinem geistigen Auge. Beende die Visualisierung eines vergangenen Ziels und visualisiere ein neues Ziel. So vermeidest du es, dich mit allzu vielen Zielen zu verwirren. Du setzt klare Prioritäten und wirst dich nicht mit Vergangenem auseinandersetzen müssen.

15. Jedes Mal, wenn du ein Ziel erreichst, solltest du dies auch deutlich würdigen, um diesen Erfolg klar für dich zu signalisieren. Wir sind häufig dermaßen durch unsere Zielstrebigkeit getrieben, dass wir meist nicht einmal merken, wenn wir am Ziel angekommen sind. Wertschätze dich und gratuliere dir zu deinen Erfolgen. Danke einer höheren Kraft für die Unterstützung zum Erreichen deiner Ziele, denn durch das Zeigen dieser Dankbarkeit wirst du noch viele weitere Ziele erreichen.

16. Visualisiere nicht nur „Dinge", sondern auch die Person, die du sein möchtest. Dadurch stärkst du bereits jetzt diese Charaktereigenschaften und es fällt dir leichter, deine Ziele zu erreichen.

17. Visualisiere auch den Prozess: erinnere dich an das 3 Schritte Model, welches wir schon besprochen haben. Wir wollen keine Dissonanz zwischen unserem Ziel und dem Weg dahin. Daher müssen wir uns auch den Prozess vor unser geistiges Auge halten.

Als junger und vielversprechender Athlet nutzte Arnold Schwarzenegger immer wieder das erstaunliche Potential der kreativen Visualisierung, um seine Ziele in Fitness und Bodybuilding zu erreichen. Er war fest entschlossen, irgendwann einmal einen Körper wie Reg Park zu besitzen. Arnold

Schwarzenegger hatte das Bild seines Traumkörpers ganz klar vor seinen Augen. Er fokussierte sich auf dieses Bild und trainierte sehr hart. Je mehr er sich mit diesen Bild befasste, desto versessener war er darauf, tatsächlich einen Körper wie Reg Park haben zu können. Auch später, als er schon Schauspieler und Politiker war, nutze Arnold die gleichen mentalen Techniken. Rückblickend stellte er fest, dass er von Anfang an sein Leben als erfolgreicher Bodybuilder visualisierte und diese Vision lebte, als sei sie bereits Realität.

Die aus den Medien in den USA sehr bekannte Oprah Winfrey ist beispielsweise eine Person, der es gelungen ist, sich aus sehr unglücklichen Umständen zu befreien und eine der reichsten Frauen der Welt zu werden. Sie ist eine große Verfechterin der Nutzung von Visualisierungen, positivem Denken und Affirmationen. Sie begann früh, sich für ihre Ziele einzusetzen. Schon als Kind waren ihr die schrecklichen Umstände in ihrer Umgebung bewusst und ihr war klar, dass sie nicht so enden wollte wie die Menschen in ihrem Umfeld. Später wurde sie zu einer großen Inspiration; in ihrer viel gepriesenen Oprah Winfrey Show konnte man ihre Erfolgsgeschichte und die Wirkungen des positiven Denkens bewundern. Oprah Winfrey hat in ihrer Sendung oft von ihrem Leben und der Nutzung von Zielcollagen erzählt, die ihr dabei halfen, ihre Träume zu verwirklichen. Eine ihrer Weisheiten ist folgendes Zitat: „Du solltest die glanzvollste Vision deines Leben haben, denn du wirst, woran du glaubst".

Es folgen nun die vier wesentlichen Schritte beim Ausüben der kreativen Visualisierung.

Schritt 1: In diesem Schritt generierst du deine geistigen Bilder. Du kannst dabei deine Erinnerungen, deine Fantasie oder eine Kombination aus beiden nutzen.

Schritt 2: Dieser Schritt beinhaltet das fokussierte Aufrechterhalten des generierten Bildes. Ohne die bewusste Absicht, sich auch auf das Bild oder die Bilder zu konzentrieren, wird es schwer sein, die Visualisierung aufrechtzuerhalten und der nächste Schritt kann nicht angegangen werden.

Schritt 3: Im Rahmen dieses Schritts wird das Bild näher betrachtet. Sobald das Bild erzeugt und aufrechterhalten ist, untersucht man das Bild tiefergehender und achtet auf die Details. Dies ist einem Scannen vergleichbar, bei dem der Ausübende sich auf das Bild fokussiert. Aufgrund dieser Fokussierung sollte es auch zu einer gewissen Änderung der Wahrnehmung beim Ausübenden kommen.

Schritt 4: Im vierten Schritt wird das mentale Bild ausgetauscht, modifiziert oder vollständig verändert. Ziel dabei ist, eventuell auftauchende negativ konnotierte mentale Bilder zu unterdrücken oder zu ersetzen. Bilder, die beispielsweise Leiden oder Unfähigkeit repräsentieren, werden durch positive Bilder ersetzt. Man konzentriert sich darauf, Herausforderungen zu meistern, auch wenn man sich heute noch nicht aus seiner möglicherweise misslichen Lage befreien kann.

Kreative Visualisierung und geführte Bildersprache kann in Kombination mit anderen bekannten geistigen und stofflichen Techniken, wie der Meditation, der rezeptiven Musiktherapie, dem Führen eines Tagesbuches und einigen weiteren genutzt werden. Um von der kreativen Visualisierung zu profitieren, müssen die Ausübenden jedoch auch offen für neue Erfahrungen sein.

10 narrensichere Tipps, wie du deine Einstellung sofort ändern kannst

Mittlerweile hast du verstanden, dass positives Denken eine wundersame Veränderung deines Lebens erbringen kann. Eine optimistische Einstellung ist deinem Körper und Geist sehr förderlich. Allerdings ist es überhaupt nicht einfach, unter so manchen Umständen positiv zu bleiben. Insbesondere dann, wenn du einige harte Situationen durchleben musstest. Es folgen einige nützliche und wertvolle Hinweise, die dir dabei helfen sollen, positives Denken in Fleisch und Blut übergehen zu lassen.

1. Verbringe Zeit mit positiven Menschen

Wusstest du, dass deine Mentalität und deine Persönlichkeit ein Spiegelbild jener ca. 5 Menschen ist, mit denen du die meiste Zeit verbringst? Die Forschung hat gezeigt, dass die Mentalität, Glaubenssätze, Gedanken und die Einstellung jener Menschen, mit denen wir am meisten Zeit verbringen, einen enormen Einfluss auf uns haben. Wenn du von gewohnheitsmäßigen Jammerlappen umgeben bist, wirst du nicht in der Lage sein, deren Negativität zu entrinnen.

Du solltest die Menschen deines unmittelbaren Umfelds vorsichtig auswählen. Verbringe deine Zeit mit positiven und inspirierenden

Menschen, die eine Mentalität der Dankbarkeit haben. Deren Angewohnheiten und Denkweisen werden zu deinen Gedanken und deinem Verhalten. Es ist praktisch unmöglich, negativ zu sein, wenn man oft von fröhlichen und positiven Menschen umgeben ist.

Wenn du viele positive Menschen kennst, wirst du dementsprechend oft positive Geschichten und Affirmationen hören und inspirierende Denkanstöße erhalten. Diese Worte und Gefühle beeinflussen deine Psyche und somit deine eigenen Gedanken, die wiederum Einfluss auf deine Worte und Taten ausüben. Streiche Negativität aus deinem Geist, bevor sie dich übermannt.

2. Übernehme Verantwortung für dein Handeln

Vermeide es, andere oder die Umstände für deine Probleme verantwortlich zu machen. Erfolgreiche Menschen mimen selten das Opfer der Umstände. Übernehme volle Verantwortung für dein Verhalten. Stehe zu einem Fehler, statt anderen die Schuld zuzuschieben. Wenn du Verantwortung für dein Handeln übernimmst, wirst du auch bereit sein, aus deinen Fehlern zu lernen. Lobe deine Mitmenschen wann immer dies angebracht ist – aber beschuldige sie nicht auf unfaire Weise.

3. Setze dir Ziele und arbeite hart, um sie zu erreichen

Es ist wesentlich einfacher, positiv gegenüber bestimmten Herausforderungen gestimmt zu sein, wenn man sich ein klares Ziel setzt. Ziele geben dir einen Sinn und eine Richtung. Ziele treiben dich an, dein vollstes Potenzial zu erreichen, während sie die Herausforderungen auf dem Weg dorthin bewältigen helfen. Es ist schwer, negativ zu sein, wenn du deine Ziele anstrebst, Entscheidungen fällst und Fortschritte feststellst.

4. Gib Komplimente

Gib deinen Mitmenschen ernst gemeinte Komplimente. Sei ehrlich und spendabel mit deinem Lob. Lobe, gib Komplimente und wertschätze deine Mitmenschen regelmäßig, damit sie sich gut fühlen und auch du dich gut fühlst. So wird dein Gehirn automatisch auf der Suche nach dem Guten in den Menschen sein und ihre negativen Seiten ignorieren. Eine Win-Win Situation.

Du wirst schließlich anfangen, all das Gute wahrzunehmen, das dich umgibt. Wenn du anderen Menschen Wertschätzung zuteil werden lässt, wirst du eine Kettenreaktion der Positivität auslösen. Wie fühlst du dich, wenn dir jemand von Herzen ein Kompliment macht? Wenn du Gutes empfangen möchtest, dann solltest du lernen, auch Gutes zu geben. Beobachte, wie dein Umfeld sich verwandelt, wenn du dich auf diese Weise verhältst.

5. Sei stets gut zu dir

Behandle dich gut, wenn du positiver denken und dich besser fühlen möchtest. Es ist schwer sich mies zu fühlen, wenn man vor Gesundheit und Positivität nur so strotzt. Gehe beispielsweise einer angenehmen und erfüllenden sportlichen Tätigkeit nach, damit du fit bleibst. Achte auf deine Hygiene und ernähre dich ausgewogen und gesund. Trage saubere Kleidung und pflege dein Äußeres. Wenn du dich selbstbewusst fühlst und auch so aussiehst, dann wirst du generell positiver gestimmt durchs Leben gehen.

6. Starte deinen Tag mit positiven Affirmationen

Auf welche Weise du deinen Tag beginnst, kann den Ablauf des restlichen Tages beeinflussen. Wenn du zu spät und in Sorge und Angst aufwachst, dann scheint dies eine Art Kettenreaktion auszulösen und nichts will dir an diesem Tag gelingen. Das liegt daran, dass du den Tag mit negativen Gefühlen und einer eher pessimistischen Mentalität begonnen hast, die sich dann in die Umstände des Tages übertragen. Daher ist es vorteilhaft, den Tag mit positiven Affirmationen zu beginnen.

Stehe früh auf und nimm dir Zeit für dich während die Anderen schlafen. Wiederhole deine positiven Affirmationen, wie beispielsweise „Heute wird ein wundervoller Tag" oder „Ich werde heute Großartiges leisten". Du wirst erstaunt sein, wie sich dein Tag durch die Anwendung dieser einfachen aber effektiven Technik verbessert.

7. Bewahre selbst in aussichtlosen Situationen deinen Humor

Selbst in den aussichtslosesten Situationen noch seinen Sinn für Humor zu bewahren, ist eine effektive Vorgehensweise, um diese Situationen zu verbessern. Beispielsweise könntest du dir sagen, dass du in ein paar Jahren über diese scheinbar kummervolle Zeit lachen wirst. Falls dir gekündigt wurde, dann unternimm an deinem letzten Arbeitstag irgendetwas Abgefahrenes, so dass dieser Tag unvergesslich wird. Lache über all die sinnlosen Tätigkeiten, die du möglicherweise verrichten musstest und sei froh, dass du sie nun hinter dich bringen kannst. Man kann in so ziemlich jeder scheinbar misslichen Lage etwas Amüsantes finden. Daher sollten wir versuchen, unsere Negativität zu überwinden und die Situation aus einem positiveren Blickwinkel zu sehen.

8. Lebe in der Gegenwart

Lebe vollkommen in der Gegenwart. Also nicht im heute oder in dieser Stunde, sondern genau in diesem Moment. Es mag viele

Dinge geben, denen du deine Aufmerksamkeit widmen musst oder viele Dinge, die vielleicht vor ein paar Tagen geschehen sind und über die du jetzt nachdenkst. Lass es sein. Denke nur an das Jetzt. Vergiss die unfreundliche Bemerkung deines Kollegen vor ein paar Minuten. Denk nicht daran, was dein Chef oder Kunden am Ende deines Vortrags sagen werden.

Konzentriere dich auf einen einzelnen Augenblick. Meistens sind die Umstände nicht so schrecklich, wie du sie dir vorstellst. Die schlimmsten Ereignisse, die wir uns vorstellen, sind das Resultat unserer blühenden Vorstellungskraft oder Dingen die in der Vergangenheit geschehen sind, also schau nach vorne und blende Unerfreuliches aus deiner Vergangenheit aus.

Eine ganz einfache Übung, wie du deinen Blick für die Gegenwart trainierst, ist Farben beobachten. Das geht ganz einfach. Du siehst dich einfach in deinem Umfeld um und schaust einmal, welche Farben du erkennen kannst. Oder du suchst dir eine einzelne Farbe und hältst nach dieser Farbe ausschau. Du könntest zum Beispiel einmal versuchen, so viele blaue Gegenstände zu finden, wie möglich.

Eine weitere Übung ist der Temperaturscan in deinem Körper. Hier gehst du einfach Körperteil für Körperteil durch und fühlst die

Temperatur. Fühlen sich deine Zehen gerade warm oder kalt an? Deine Hände? Dein Hals? Du scannst sozusagen deinen Körper durch.

Die erste Übung macht dich achtsamer für das „Außen", also alle Dinge um dich herum. Die zweite richtet deinen Blick nach „Innen". Beide Übungen dauern in der Regel nicht länger als 30 Sekunden und haben eine sofortige und auch eine bleibende Wirkung. Erstens wird dein Blick sofort in die Gegenwart geholt und zweitens wird dein Gehirn geschult, mehr im Moment zu leben. Ein weiterer positiver Aspekt dieser Übung ist, dass unser Gehirn darauf trainiert wird Gefühle und Gedanken von Innen heraus zu erzeugen. Erinnere dich daran, dass es wichtig ist weniger Reaktiv auf die Umwelt zu sein. Durch genaues Beobachten im Moment schaffst du genau das. 1 Minute am Tag kann daher dein Leben gehörig verändern.

9. Ändere dein Verhalten

Eine der besten Methoden, um deine Kreativität und Positivität zu stärken, ist es, gewisse Dinge im Alltag auf andere Art und Weise als bisher durchzuführen oder auch etwas völlig Neues auszuprobieren. Wenn du aus dem Alltäglichen ausbrichst, wirst du deinen Mut und dein Potential entdecken. Dies hilft dir, stärker an deine Fähigkeiten, deine Kreativität und Entschlusskraft zu glauben.

Besuche doch einmal ein Restaurant, das du früher nicht besucht hättest. Oder nimm einen anderen Weg zur Arbeit. Esse etwas dir bisher Unbekanntes. Ändere deinen Kleidungsstil. Gib dich einem Hobby oder einer Leidenschaft hin. Lese ein Buch aus einem dir noch unbekannten Genre. Diese Aktivitäten setzen dich Unbekanntem aus, verleihen dir Selbstbewusstsein und fördern so eine positive Mentalität.

10. Vergebe dir

Hör auf, dir Vorwürfe zu machen, wenn nicht alles so läuft wie gewünscht. Vorwürfe werden deine Situation nicht ändern. Vergib dir, lege deine Schuldgefühle beiseite und schreite voran. Blicke in eine bessere Zukunft. Die Vergangenheit liegt hinter dir, egal wie bedauerlich sie war. Ersetze schlechte Erfahrungen durch Gefühle der Hoffnung. Denke daran, dass es immer noch schlimmer sein könnte. Sei dankbar für deine Gaben, selbst wenn du davon überzeugt bist, dass du nicht sonderlich reich beschenkt bist.

Manchmal verstecken sich Chancen im Gewand von Schicksalsschlägen. Sei tapfer und versuche herauszufinden, welche Chancen sich durch solche Ereignisse ergeben könnten. Eine Kündigung ist beispielsweise keine Sackgasse. In diesem Falle könnte sich beispielsweise die Chance ergeben, ein eigenes Unternehmen zu gründen oder freiberuflich tätig zu werden. Oder du nutzt die Zeit, um dich weiterzubilden. Die Möglichkeiten sind unbegrenzt, du solltest jedoch in der Lage sein, die vermeintlich üblen Umstände aus einem anderen Blickwinkel zu sehen.

66 positive Affirmationen, die dein Leben völlig verändern können

„Du bist was du denkst". Dieser Satz ist nicht komplett richtig, das haben wir in einem früheren Kapitel bereits erläutert. Schließlich sind deine Gedanken nur ein Teil von dir und als Werkzeug zu betrachen, allerdings deren Wirkung nicht zu unterschätzen, denn:

Dein Leben ist ein Produkt deiner Denkmuster.

Wenn deine Gedanken durch die richtigen Worte bestärkt werden, wird sich ihr Potential enorm verstärken. Um ein Vorhaben zu realisieren, müssen wir in der Lage sein, Gedanken oder Gefühle in Worte umzuwandeln. Wir müssen also in unserer Wortwahl bedacht sein, um das Beste in uns hervorzubringen.

Selbstbestätigung und Affirmationen sind effektive Techniken, um das Denken zu reinigen und fokussieren. Diese Techniken verleihen eine gewisse Willenskraft und entrümpeln den Denkvorgang, so dass wir uns auf die wirklich wichtigen Dinge konzentrieren können. Wenn wir regelmäßig positive Affirmation aufsagen, wird sich die Dynamik unseres Denkens auf eindrucksvolle Weise ändern. Das Wort „Affirmation" stammt vom lateinischen Wort „affimare" ab und bedeutet „stärken". Wenn du positive Affirmationen für dich nutzt, dann wirst du also dein

Unterbewusstsein entsprechend stärken und es wird für dich deutlich leichter sein, deine Ziele zu erreichen.

Affirmationen stärken den Glauben an unser Potential und lassen uns glauben, dass wir alles erreichen können, was wir uns vornehmen. Unsere Gedanken laut auszusprechen ist eine effektive Möglichkeit, um sich sofort optimistischer zu fühlen und sich zu vergewissern, dass unsere Wünsche schon bald erfüllt werden. Im Allgemeinen sind positive Affirmationen als ein nützliches Werkzeug für eine Art „Neuverdrahtung" deines Verstandes zu verstehen. Die Praxis der positiven Affirmation erhöht nicht nur die Konzentration der Wohlfühl-Hormone im Gehirn, sondern man wird auch seine Ziele enthusiastisch und voller Energie erreichen wollen. Durch das Aufsagen von positiven Affirmationen werden neue Hirnreale gestärkt, die eine förderliche Wirkung auf das positive Denken besitzen. Erinnert sei an dieser Stelle an die wichtige, zusammenhängende Abfolge von Gedanken, Worten und Taten. Affirmationen sind hier das Mittel der Wahl, um negative Denk-, Sprech- und Verhaltensmuster aufzubrechen.

Unsere Worte haben eine große Auswirkung auf unsere Zukunft. Durch das gesprochene Wort beeinflussen wir alles, was um uns herum geschieht und uns widerfährt. Jeder geäußerte Ton repräsentiert eine Schallwelle und beeinflusst unser Schicksal. Die emittierte Energie ist unsichtbar, aber hat dennoch das Potential, ein reales und fassbares Objekt zu werden. Worte bestehen nicht einfach nur aus Silben, die man ausspricht und anschließend vergisst. Während du sprichst, wird Energie hin oder fort von deinen Zielen bewegt. Wenn du dir beispielsweise einredest, dass du irgendetwas niemals schaffen wirst, dann wird eine bestimmte Energie ausgesendet, die die Energie des Universums abstößt. In der Konsequenz arbeitest du somit gegen deine Ziele. Wenn du allerdings das „ich kann nicht" durch ein „ich kann" ersetzt, dann wird das Universum dir den Weg für das Erreichen deiner Ziele ebnen.

Die Affirmationen können entweder laut oder leise aufgesagt werden. Es ist wichtig, die Affirmationen ähnlich wie ein Mantra zu wiederholen, bis man in der Lage ist, den Fluss seiner negativen Gedanken effektiv zu unterdrücken. Du könntest deine Affirmationen beispielsweise auf Merkzettel notieren und im Geldbeutel stets bei dir führen. Oder du könntest sie an den Kühlschrank oder ins Badezimmer kleben, in die Nähe deines PCs oder einfach überall dorthin, wo du sie leicht ablesen kannst und an sie erinnert wirst. Rekapituliere die Affirmationen während eines Tages in regelmäßigen Abständen, um dich in deinen Vorhaben und Zielen zu bestärken. Es mag anfangs schwierig sein, diese Affirmationen so oft zu wiederholen, insbesondere wenn du noch gegen negative Gedanken oder Gefühle anzukämpfen hast. Mit der Zeit wird deine Übung jedoch Erfolge zeigen. Du wirst dich selbstsicherer fühlen und anfangen daran zu glauben, deine gesteckten Ziele auch erreichen zu können. Diese werden dir nicht mehr als Wunschdenken erscheinen oder etwas, für das dir nicht das nötige Potential mitgegeben wurde. Du wirst ein großes Selbstvertrauen und einen starken Antrieb zum Erreichen deiner Ziele entwickeln.

Erinnere dich aber an das, was wir schon besprochen haben. Dein innerer Lügendetektor darf nicht aktiv werden. Wenn du dich also anfänglich sehr stark gegen eine Affirmation innerlich wehrst, dann verwende am Anfang die „Potential Formulierung". Zur Erinnerung: Hier geben wir vor die ursprüngliche Affirmation ein „Ich habe das Zeug dazu...". Wird diese Affirmation dann von deinem logischen Denken angenommen, so kann sie auch auf dein Unterbewusstsein wirken. Nach einiger Zeit kannst du dann zur „normalen" Formulierung übergehen.

Es folgen nun einige Affirmationen, die deine Denkweise, Haltung, Wortwahl und möglichweise dein ganzes Leben völlig verändern können. Wähle jene Affirmation(en), die du als am besten geeignet für dich erachtest und wiederhole sie im Laufe des Tages so oft wie möglich.

Du kannst von den folgenden Affirmationen jede einzeln für dich nutzen oder, entsprechend deinen Zielen und Wünschen, eine eigene Kombination verwenden. Viel Spaß bei der Anwendung!

1. Ich bin der Schöpfer und Erbauer meines Lebens. Ich werde ein stabiles Fundament für meine Zukunft erschaffen und die richtigen Entscheidungen treffen.

2. Ich ziehe Geld magnetisch an – ja, es wird stets von mir angezogen.

3. Ich bin mit Freude und überbordender Energie erfüllt und fühle mich in Bestform.

4. Ich habe meinen Zorn durch Liebe ersetzt.

5. Ich bin beruflich erfolgreich, ich entwickle mich weiter und ich wachse mit meinen Aufgaben.

6. Kreative Energie durchströmt mich und verschafft mir neue und originelle Ideen.

7. Meine Partnerschaft wird mit jedem Tag tiefer, intensiver und bedeutungsvoller.

8. Wir selbst entscheiden, ob wir glücklich sind. Wenn ich darüber nachdenke, mit welchen Talenten ich beschenkt wurde und welche Dinge ich schon erreicht habe, dann kann ich mich sehr glücklich schätzen.

9. Meine Gedanken sind voller Positivität und ich lebe ein Leben der Fülle.

10. Mein(e) Traumpartner(in) wird früher als gedacht in mein Leben treten.

11. Ich strahle vor Schönheit, Gesundheit, Eleganz und Charme.

12. Ich trage zum Wohle meiner Umgebung bei und kann durch meine Gaben andere Menschen glücklich machen.

13. Ich spüre, wie meine inneren Blockaden verschwinden und ich erkenne einen gangbaren Weg vor mir.

14. Jeden Morgen wache ich mutigen Herzens auf und erfreue mich eines klaren Verstandes.

15. Ich ersetze meine Zukunftsängste durch Hoffnung.Dies ist ein Leichtes für mich, denn ich bin mit reichem Potential beschenkt worden.

16. Ich habe Frieden mit meiner Vergangenheit, meiner Gegenwart

und meiner Zukunft geschlossen.

17. Ich erschaffe durch meine Fantasie und Vorstellungskraft eine wundervolle Zukunft.

18. Meine wunderbare Familie und meine tollen Freunde sind ein Geschenk des Himmels.

19. Ich habe ein Recht darauf, glücklich zu sein. Zufriedenheit ist mein Daseinszustand.

20. Ich habe einen umwerfenden Sinn für Humor und ich verbreite gerne Lachen und Fröhlichkeit.

21. Mein(e) Partner(in) und ich lieben uns heiß und innig.

22. Mein Leben verlief bisher sehr erfolgreich und ich bin mir sicher, dass ich in Zukunft noch viele weitere Erfolge feiern werde.

23. Ich lerne aus Fehlern, Herausforderungen und Rückschlägen und daher sehe ich diese als Sprungbretter für meinen zukünftigen Erfolg.

24. Ich fühle mich energiegeladen, tapfer, mutig, zuversichtlich, fähig, kraftvoll, enthusiastisch und einfach nur fantastisch.

25. Ich bin dankbar dafür, dass ich so viele unvergessliche Momente mit inspirierenden Menschen teilen durfte.

26. Ich besitze eine außergewöhnliche Problemlösungskompetenz und versuche stets, die optimale Lösung zu finden.

27. Ich habe mich dazu entschieden, den Ärger und die Reue bezüglich meiner der Vergangenheit sein zu lassen und ersetze diese durch Freude, Gelassenheit und Optimismus.

28. Ich vergebe all jenen, die mir in der Vergangenheit Schmerz oder Schaden zugefügt haben und löse mich gedanklich auf friedliche Weise. Meine neu gewonnene positive Gelassenheit hilft mir dabei.

29. Alles, was mir widerfährt, geschieht zu meinem Besten.

30. Ich habe mich dazu entschlossen, schlechte Angewohnheiten abzulegen und durch gute Angewohnheiten zu ersetzen.

31. Meine Bemühungen werden voll und ganz vom Universum unterstützt. Es hilft mir dabei, meine Träume wahr werden zu lassen.

32. Ich lebe vorübergehend zwar in schwierigen Zeiten, aber ich weiß, dass diese vorübergehen. Die Zukunft wird viele wundervolle Dinge für mich bereithalten.

33. Ich schreite kraftvoll voran und erreiche mit Leichtigkeit und Freude meine Ziele.

34. Fülle gelangt stets mit Leichtigkeit und ohne Mühe in mein Leben.

35. Ich erachte meine Furcht als Treibstoff für meinen Erfolg und ich habe mich dazu entschlossen, trotz dieser Furcht mutig voranzuschreiten.

36. Abzunehmen macht mir Spaß, es fällt mir leicht und verschafft mir Genugtuung.

37. Ich spreche selbstsicher, ruhig und mit Selbstbewusstsein.

38. In jedem Bereich meines Lebens gibt es erstaunliche Gelegenheiten und Chancen.

39. Ich weigere mich aufzugeben, da ich noch nicht alles Machbare unternommen habe.

40. Meine Weisheit leitet mich zuverlässig zum Glück.

41. Ich ersetze meinen Zorn und meine Wut durch Liebenswürdigkeit und Verständnis. Ich bemerke dabei, wie gut mir das tut.

42. Ich bin offen für alle Arten von Wellness-Behandlungen. Wenn es meinem Körper und Geist gut geht, fühle ich mich deutlich besser und gesünder.

43. Meine Handlungen reflektieren meine Verbundenheit zu meinem Verstand, Körper und meiner Seele.

44. Ich habe die volle Kontrolle darüber, wie ich auf Herausforderungen reagiere.

45. Mir geht es gut, wenn es meinen Mitmenschen auch gut geht. Mir ist klar, dass das Glück meiner Mitmenschen auch mir Glück bringen wird.

46. Ich sehe Reichtum, Fülle und Wohlstand, egal wohin ich auch blicke.

47. Ich bin ein toller Angestellter; ich bin stets kreativ, produktiv und ich gebe mein Bestes.

48. Mir macht es Spaß meinen Körper zu stärken, indem ich Sport treibe, meditiere und mich vollwertig ernähre.

49. Mein Leben ist erfüllt von Lebensfreude, Freundschaft und Spaß. Ich bin entspannt, ich kann vergeben und ich bin offen für Neues.

50. Ich bin einzigartig, individuell und wundervoll.

51. Ich zahle dankbar meine Rechnungen für die Dinge, die mir zuteil geworden sind. Fülle und Wohlstand kommen mit

Leichtigkeit in mein Leben.

52. Mein gutes Selbstwertgefühl lässt mich mit Freude die Wertschätzung und Komplimente meiner Mitmenschen annehmen. Andererseits gebe ich auch gerne ehrlich gemeinte Komplimente zurück.

53. Was andere über mich sagen hat geringe Bedeutung. Wesentlich wichtiger ist meine Reaktion auf das Gesagte und vor allem wie ich zu mir selbst stehe.

54. Unerfreuliches aus meiner Vergangenheit berührt mich nicht mehr. Ich sehe heute klaren Blickes in die Zukunft.

55. Ich besitze die Energie, den Enthusiasmus, die Intelligenz und die finanziellen Möglichkeiten, um das Leben meiner Träume führen zu können.

56. Frieden, Ausgeglichenheit und Harmonie fließt durch mich hindurch. Es fühlt sich so wundervoll an, lebendig und gesund zu sein.

57. Ich höre auf, andere und mich selbst zu beurteilen. Stattdessen bin ich liebevoll, vorurteilsfrei und zufrieden mit mir.

58. Geld kommt mir ohne Mühe zu. Ich verdiene es, wohlhabend zu sein.

59. Ich befreie meinen Körper von Toxinen und kranken Zellen und ersetze sie durch frische und gesunde Zellen.

60. Ich nehme jegliche Rückmeldungen, Empfehlungen und Hinweise mit Dankbarkeit freundlich an – die Entscheidungen treffe ich jedoch selbst.

61. Ich will unbedingt neue Leute kennenlernen und spreche diese auf mutige, selbstbewusste und enthusiastische Weise an.

62. Ich habe den Entschluss gefasst, mir inspirierendere Freunde zu suchen. Diese werden mir dabei helfen, gute und abgewogene Entscheidungen treffen.

63. Meine Ehe wird mit jedem Tag stärker, liebevoller, vertrauter und tiefer.

64. Jede Situation hat etwas Gutes, selbst wenn ich dieses Gute nicht immer erkennen kann.

65. Man gibt mir stets sinnvolle Arbeit und ich erledige diese konzentriert, sorgfältig und mit hohem Qualitätsanspruch.

66. Meine Geschäftsbeziehungen sind nicht nur sehr gewinnbringend, sondern bereiten auch allen beteiligten Freude. Einige Geschäftspartner sind sogar schon zu guten Freunden geworden.

Schluss

Vielen Dank dafür, dass du dieses Buch gekauft hast.

Ich hoffe, das Buch konnte dir dabei helfen, das beeindruckende Potential des positiven Denkens zu erkennen und dir näher gebracht, wie du diese Art des Denkens strategisch nutzen kannst, um dein Leben zu verwandeln. Neben kleinen Weisheiten wurden viele Hinweise und praxiserprobte Tipps gegeben, die dir dabei helfen sollten, positivere Denkmuster zu entwickeln und deine Träume wahr werden zu lassen.

Der nächste Schritt besteht darin, einfach anzufangen und ganz bewusst an deinen Gedanken, Worten, Gefühlen und Handlungen zu arbeiten. Dies sind die Elemente, die dein Schicksal formen. Denke daran, dass Gedanken sehr oft werden! Wir sollten daher an das Schöne, Freudige und Gute denken. Beginne damit, die in diesem Buch beschriebenen Techniken einzuüben, um Schritt für Schritt beeindruckende Änderungen in deinem Leben zu bewirken.

Wenn du mehr von mir sehen und hören willst, lade ich dich herzlich dazu ein meinen Youtube Kanal zu verfolgen.

Wenn dir dieses Buch gefallen hat, bitte ich dich, dir die Zeit zu nehmen, um deine Ansichten und Erfahrungen in einer Rezension mitzuteilen. Das wäre wirklich prima! Auf dich und dein mit Positivität, Freude, Reichtum, Erfüllung und Erfolg erfülltes Leben!

Alles Liebe,

dein Tom

Haftungsausschluss

Der Inhalt dieses Buches wurde mit großer Sorgfalt geprüft und erstellt. Für die Vollständigkeit, Richtigkeit und Aktualität der Inhalte kann jedoch keine Garantie oder Gewähr übernommen werden. Der Inhalt dieses Buches repräsentieren die persönliche Erfahrung und Meinung des Autors und dient nur dem Unterhaltungszweck. Der Inhalt sollte nicht mit medizinischer Hilfe verwechselt werden. Es wird keine juristische Verantwortung oder Haftung für Schäden übernommen, die durch kontraproduktive Ausübung oder durch Fehler des Lesers entstehen. Es kann auch keine Garantie für Erfolg übernommen werden. Der Autor übernimmt daher keine Verantwortung für das Nicht-Erreichen der im Buch beschriebenen Ziele. Dieses Buch enthält Links zu anderen Webseiten. Auf den Inhalt dieser Webseiten haben wir keinen Einfluss. Deshalb kann auf diesen Inhalt auch kein Gewähr übernommen werden. Die verlinkten Seiten wurden zum Zeitpunkt der Verlinkung auf mögliche Rechtsverstöße überprüft. Für die Inhalte der verlinkten Seiten ist aber der jeweilige Anbieter oder Betreiber der Seiten verantwortlich. Rechtswidrige Inhalte konnten zum Zeitpunkt der Verlinkung nicht festgestellt werden.

Impressum

Thomas Gamsjäger MSc
Michael Pacherstraße 19
5351 Aigen-Voglhub
Österreich

www.ingramcontent.com/pod-product-compliance
Lightning Source LLC
Chambersburg PA
CBHW072135280526
45788CB00002B/652